STRAUSS

VON DER ZEICHENSPRACHE DES KLEINEN KINDES

«Menschenkunde und Erziehung» Band 34
Schriften der Pädagogischen Forschungsstelle
beim Bund der Freien Waldorfschulen

MICHAELA STRAUSS

VON DER ZEICHENSPRACHE DES KLEINEN KINDES

Spuren der Menschwerdung

Mit menschenkundlichen Anmerkungen von Wolfgang Schad

VERLAG FREIES GEISTESLEBEN

Die Deutsche Bibliothek – CIP-Einheitsaufnahme

Strauss, Michaela:
Von der Zeichensprache des kleinen Kindes:
Spuren der Menschwerdung / Michaela Strauss.
Mit menschenkundlichen Anmerkungen
von Wolfgang Schad. – 5. Aufl. – Stuttgart:
Verlag Freies Geistesleben, 1994
(Menschenkunde und Erziehung; 34)

ISBN 3-7725-0234-2

NF: GT

Einband: Malerei eines fünfjährigen Mädchens
5. Auflage 1994

Druck: Greiserdruck, Rastatt

Inhalt

Vorwort (Ernst Weissert) 7
Zur Entstehung dieses Buches 9
Kräfte im frühkindlichen Zeichnen 13

I. LINIE UND BEWEGUNG

Von den Bauelementen der frühkindlichen Zeichnung 21
Das Menschenbild und das Bild des Baumes 35
Der Mensch und das Haus 49
Kopffüßler – Kopfgliedler 57

II. VON DER LINIE ZUR FLÄCHE

Farbe als Mittel des seelischen Ausdrucks 61

III. VOM ZEICHEN ZUM ABBILD

Gegenständlich-illustrative Kompositionen 69
Menschenkundliche Anmerkungen (Wolfgang Schad) 83
Literatur 91

Mädchen
4 Jahre 6 Monate

Vorwort

Die Pädagogische Forschungsstelle beim Bund der Freien Waldorfschulen freut sich, das Buch von Michaela Strauss vorlegen zu können. Sein Erscheinen weckt in den älteren Lehrern der Waldorfschulbewegung viele Erinnerungen: Mitte der dreißiger Jahre, in den ernsten politischen Bedrohungen der Waldorfschulen, hörten wir zuerst von den Bemühungen unseres Kollegen Hanns Strauss um die Erschließung der frühkindlichen Gestaltungen. Mit Interesse verfolgten wir das Wachstum seines Materials von Kinderzeichnungen und -Malereien. In den folgenden schwierigen Jahren, ja noch in der ersten Verbotszeit, reiste Strauss mit seinen Vorträgen zu den Ortsgruppen des «Vereins für ein freies Schulwesen (Waldorfschulverein)» in Deutschland. Lebhaft steht uns das Bild des ernsten, kernigen Mannes vor Augen. Er hatte lange Jahre in München als Maler gelebt und hatte sich seit 1923 mit der Waldorfpädagogik verbunden.
Als junge Menschen hörten wir in den zwanziger Jahren aufmerksam von der Aufgabe, die Rudolf Steiner seinem ersten Lehrerkollegium gegeben hatte: auch forschend und dann mit solchen Erkenntnissen «volkspädagogisch» tätig zu sein. In der Schriftenreihe «Menschenkunde und Erziehung» liegen heute viele Beispiele solcher wissenschaftlichen Tätigkeit vor. So hat uns die Arbeit von Hanns Strauss schon früh beschäftigt; leider wurde durch seine Erkrankung und den frühen Hingang im Oktober 1946 die Veröffentlichung seines Materials jahrzehntelang aufgeschoben. Wir sind dankbar, daß seine Tochter, unsere Kollegin Michaela Strauss, die Fortführung und Ergänzung der Arbeit ermöglicht hat. Was ihr jetzt gelungen ist, danken wir auch denjenigen Kollegen, die, wie z. B. Dr. Erich Schwebsch, nach Strauss' Tod ihre Weiterführung für die Waldorfbewegung wünschten.

Die Menschenkunde Rudolf Steiners erfordert eine neue, grundlegende Erarbeitung des ersten Lebensjahrsiebents; er hat darauf hingewiesen, daß hier Zukunftsaufgaben für unser Bewußtsein und Anregungen für künftige Sozialgestaltungen liegen. Wir denken an die geheimnisvollen frühen Schritte der Inkarnation: an die Dreiheit von Gehen-, Sprechen-, Denken-Lernen, an die Entfaltung der Lebenserfahrung und des schöpferischen Gestaltens. Die intime Beschäftigung mit der frühkindlichen Entwicklung und Erziehung schon vom Beginn der Waldorfpädagogik an hat unserer Schulbewegung einen ganz besonderen Einschlag gegeben.

Das Buch von Michaela Strauss betrachten wir als eine wichtige Pionierarbeit, und wir hoffen, daß es in den Elternhäusern und Kindergärten den Blick, das Verständnis und die Hingabe an das Wesen des Kindes verstärkt. So wird dieses Buch auch für die schnell sich ausbreitende Arbeit der Waldorfkindergärten von unmittelbarer Bedeutung sein.

Ernst Weißert

Zur Entstehung dieses Buches

Diesem Buch liegt ein Material zu Grunde, welches in kontinuierlicher Folge über mehr als vierzig Jahre gesammelt worden ist. **Hanns Strauss** (9. 8. 1883—20. 10. 1946) trug am Ende der zwanziger Jahre die ersten Bausteine dieser Arbeit zusammen. Es ging ihm hierbei nicht um ästhetische Gesichtspunkte, sondern es lag ihm an den spontanen, nicht von Erwachsenen beeinflußten zeichnerischen Äußerungen des Kindes. Sein Interesse an den frühen Kinderzeichnungen entzündete sich an deren lebendiger, dynamischer Handschrift. Als Maler und Kunstpädagoge begeisterte ihn die frische Unbekümmertheit dieser kindlichen Aussage.

Den Grundstock der Sammlung bildeten zunächst Zeichnungen von Kindern befreundeter Familien. Doch bald erweiterte sich das Material durch eine Fülle von Zeichnungen aus den verschiedensten Zusammenhängen. So bilden die «Säulen» dieser Sammlung eine Reihe von lückenlosen zeichnerischen Entwicklungen einzelner Kinder, neben einer Vielzahl von Blättern aus Familien und Kindergärten.

In einem ersten Artikel schildert Hanns Strauss 1932* seine Beziehung zu dem Phänomen der kindlichen Zeichnung: «Die Situation eines Erwachsenen, der sich frühen Kinderzeichnungen gegenübergestellt sieht, ist diese: er schlägt ein Buch auf, in das ein uraltes sich im Kinde verjüngendes Schaffen Rätselspuren einträgt.» Diesen Rätseln nachspürend hat er eine große Anzahl von Kurven und Schwüngen nachgezeichnet . . . «denn nur ein verstandesmäßiges Erfassen genügt nicht, der ganze Mensch mit seinem Bewegungsorganismus muß nachvollziehen, die ganze Kraft seines Mitfühlens muß eingesetzt werden, sollen die Rhythmen und Gestaltungen zum Erlebnis werden, welches den Charakter der Phänomene erfaßt».

Zunächst wuchs der Berg von Zeichnungen an der sich immer neu entzündenden Begeisterung des Sammlers. So trug Hanns Strauss Hunderte von

* Literaturnachweise siehe S. 91

Blättern zusammen, bis sich immer deutlicher einzelne typische Merkmale abzuzeichnen begannen und die Methode des summarischen Sammelns durch eine phänomenologische abgelöst werden konnte.

Auf der Suche nach Hinweisen, die zum Verstehen der Probleme beitragen könnten, begegneten Hanns Strauss die Schriften von Britsch-Kornmann, Kienzle und Hartlaubs kunstpädagogisch-psychologische Ausführungen. Sie halfen ihm, das frühkindliche Zeichnen in größere Zusammenhänge einzuordnen. Das Studium der Arbeiten von Karutz, Scheltema und Wirth erweiterten die Sicht durch ihre Hinweise auf das völkerkundliche Gebiet. Interpretationen, zu denen die Kunsterzieher Grötzinger und Meyers kamen, erschienen erst nach seinem Tode.

Die Bildsammlung umfaßte nach dem Ableben von Hanns Strauss etwa 6000 Blätter neben aphoristischen schriftlichen Aufzeichnungen. Sie bilden die Grundlage für dieses Buch. Das stetige Anwachsen der Bildsammlung sowie die Erweiterung der Literatur zu diesem Thema in den letzten Jahren zwangen mich dazu, die Wahl der Abbildungen und den Text völlig neu zu greifen. Die Entwicklungsstadien wurden mit immer größerer Deutlichkeit sichtbar. In diesem Buch wird ein Weg eingeschlagen, der auf dem Hintergrunde der Menschenkunde Rudolf Steiners manches, was ohne Bedeutung schien, zu einem Schlüssel für das Verständnis des sich inkarnierenden Menschen werden läßt. Diese Konzeption lag den Aufzeichnungen von Hanns Strauss zu Grunde und bildete den Leitfaden seines Forschens. Die menschenkundlichen Anmerkungen von Wolfgang Schad im Anhang führen die engen Beziehungen aus, die zwischen der malend-zeichnerischen Betätigung und den leiblichen Wachstumsschritten des Kindes bestehen. Ursprünglich umfaßte die Sammlung nur Zeichnungen aus dem europäischen Raum. Es gelang aber in den letzten Jahren, sie auch durch Blätter aus außereuropäischen Ländern zu erweitern. So wird deutlich, daß alle Kinder in ihrer Hieroglyphenschrift entsprechend ihrer Entwicklungsstufe — heute wie vor eineinhalb Generationen — zu denselben Formulierungen finden. Wie das erste Lallen nicht an spezifisch rassische oder volksmäßige Sprachgegebenheiten gebunden ist, so ist auch diese erste Bilderschrift eine allgemein-menchliche. In diesem frühen Zeitraum des ersten Jahrsiebents ist die Zeichensetzung über die ganze Welt die gleiche.

Die Fülle des vorliegenden Materials macht es möglich, daß die einzelnen vom Kinde aufgezeichneten Schritte prägnant zur Darstellung kommen können. Die ausgewählten Beispiele demonstrieren eine normale kindliche Entwicklung. Sie sind aus verschiedenen Entwicklungsreihen einzelner Kinder herausgegriffen und stellen so eine Essenz der umfassenden Sammlung dar.

Nicht alle Kinder notieren uns ihre Entwicklungsprozesse in dieser Präzision auf, wie es diese Zusammenstellung ermöglicht. Doch beim aufmerksamen Verfolgen der Zeichnungen eines jeden Kindes werden wir die wesentlichen Elemente finden. Manche Stufen erscheinen vielleicht nur flüchtig angedeutet, während andere mit großer Deutlichkeit hervortreten. Es würde den Umfang dieses Buches sprengen, wenn hier auf abweichende Symptome (z. B. retardierende oder regressive Elemente) eingegangen würde.

Beim Vergleich der Zeichnungen, die vor dem letzten Krieg entstanden sind, mit denjenigen, die jetzt entstehen, fällt auf, daß damals, im Gegensatz zu heute, die Aussagen oftmals eindeutiger vom Kinde aufgezeichnet worden sind. Die Phänomene sind dieselben geblieben, aber die unbewußte Wahrnehmung des Kindes für Entwicklungsgesetzmäßigkeiten des eigenen Wesens — die sich in seinen Zeichnungen widerspiegeln — scheint abgeschwächt. Muß diese Tatsache im Zusammenhang mit den heute auftretenden Phänomenen der Nervosität und Reizüberflutung gesehen werden?

Dieses Buch ist so gegliedert, daß zunächst das Band zum Leser locker assoziierend geknüpft werden soll. Im unbefangenen Wahrnehmen der frühkindlichen Zeichnung werden wir mit der Grundthematik bekanntgemacht. Wir begleiten das kindliche Schaffen durch die Etappen der ersten sieben Lebensjahre. Das Kind zeichnet uns auf, womit es beschäftigt ist. Es soll selber durch seine Zeichnung sprechen und die Hintergründe transparent machen, die es zu seinen Aussagen drängen. Der Text möchte nur Hilfestellung geben, um die «Rätselspuren» zu entziffern. Man wird den Gedankengängen gerecht werden können, wenn man Wissenschaft im Sinne Goethes übt. Wenn beim Betrachten die Bemühung des «Gewahrwerdens» im Vordergrund steht*, wird sich mancher Einwand, daß hier Postulate aufgestellt werden, auflösen.

Die Diskussion um die Fragen des Vorschulalters hat in den letzten Jahren die frühkindliche Entwicklung stark in den Blickpunkt gerückt. Die vorliegenden Ausführungen möchten für Eltern und Erzieher einen weiteren Beitrag zu diesem Thema leisten. Wenn es gelingt, durch die Aufschlüsselung der kindlichen Zeichnung zum Verständnis des Kindes beizutragen, wenn sie zu einer Hilfe wird für diejenigen, die sich mit Kindern beschäftigen — und eine Freude für alle, die Kinder lieben —, dann wäre der Sinn dieses Buches auf das Schönste erfüllt.

An dieser Stelle sei allen Dank gesagt, die zum Zustandekommen dieses Buches beigetragen haben: Dank allen Eltern, die die Zeichnungen ihrer Kinder sammelten; Frau Clara Hattermann stellvertretend für alle, die, angeregt durch die Ausführungen von Hanns Strauss, innerhalb der Waldorf-Kindergartenbewegung Material zusammengetragen haben. Dank sei der Pädagogischen Forschungsstelle beim Bund der freien Waldorfschulen, die mir durch eine Forschungsbeihilfe die vorliegende Arbeit mit ermöglichte. Dank aller Hilfe von Freunden, insbesondere der von Frau Erika Sprenger-Steinmüller, die mit dem Wachsen dieses Buches eng verbunden ist. Dank sei Walther Roggenkamp für seine Hilfe bei der künstlerisch-formalen Gestaltung.

Michaela Strauss

* «Alles kommt in der Wissenschaft auf das an, was man ein Aperçu nennt, auf ein Gewahrwerden dessen, was eigentlich den Erscheinungen zum Grunde liegt. Und ein solches Gewahrwerden ist bis ins unendliche fruchtbar». Goethe, «Geschichte der Farbenlehre»

Mädchen
2 Jahre 8 Monate

Kräfte im frühkindlichen Zeichnen

Auf der Suche nach den Kräften, die das frühkindliche Zeichnen impulsieren, wollen wir uns unbefangen von dem Schaffensprozeß mitnehmen lassen. Oft schon vor dem zweiten Jahr beginnt das Kind zu zeichnen. Ein erstes zaghaftes Probieren, ein tastendes Kontaktaufnehmen mit der Unterlage geht voraus. Aus der Lebendigkeit des eigenen Organismus und den Erwachsenen nachahmend greift es zum Stift. So wird seine erste zeichnerische Beschäftigung zum «hingeschriebenen» Gekritzel. Die Nachahmung kann zum auslösenden Moment werden, sie öffnet die Schleuse, und es bricht ein Strom des Gestaltens hervor.

Weit ausholende große Schwünge eröffnen das kindliche Schaffen, sie bilden die Ouvertüre, in ihr werden bereits alle Grundmotive angeschlagen. Zeichnend macht uns das Kind Bereiche sichtbar, mit denen es in dieser frühen Altersstufe noch auf das engste verbunden ist.

Lange bevor das Kind bildhaft-illustrativ darstellt, werden Linien auf der Zeichenfläche sichtbar, die nicht gegenstandsbezogen sind. Es erscheinen fließende Rhythmen, die sich langsam immer mehr zu einer sinnbildhaften Formensprache verdichten. Erst nach und nach gliedern sich diesen Kompositionen illustrative Elemente ein. In welch starkem Maße das Kind bis um das dritte Jahr in der Bewegung, im Rhythmus lebt, illustrieren die Zeichnungen dieser frühen Stufe eindrucksvoll. Der Stift macht sichtbar, was das Kind bisher — und immerfort — tanzend in den Raum schreibt: Choreographien — Linien von rhythmisch-dynamischer Lebendigkeit. Bewegungsabläufe, die sich aus einem Urströmenden verdichten und die endlich zu einer zeichenhaft-geometrischen Form gerinnen.

Die Intensität des Schaffensprozesses drückt sich in der außerordentlich lebendigen «Handschrift» dieser Altersstufe aus, in weit ausholenden Kurven, mäanderähnlichen Bahnen, sich in der Reihung erschöpfenden Strukturen, punktuellen Hieben, spitzen und stumpfen Winkeln. Die Bewegung schwingt oft über die Unterlage hinaus oder setzt außerhalb des Blattrandes an. Die Schwünge ließen sich beliebig vergrößern und hinterlassen ihre Spuren manchmal fast nur wie zufällig auf dem vorgegebenen Blattformat (Seite 12).

Die Qualität des Striches dieser frühen Grafiken läßt uns unmittelbar am Entstehungsvorgang teilnehmen. Verschiedene Tempi des Bewegungsablaufs drücken sich in der Lebendigkeit der Linien aus: satte, breite, weiche Striche neben flüchtig leicht verklingender Berührung machen diese Kompositionen zu einem musikalischen Erlebnis. Vom zartesten pizzicato bis zum breiten crescendo sind alle Nuancen dem Strich abzulesen. «Kritzeleien sind Briefe, welche Kinder sich selber schreiben, sind Selbstverständigungen ...» (W. Grözinger). Sie tragen den Charakter von «Auf»-Zeichnungen, sie sind nicht für andere gemeint. Das Interesse des Kindes an dem eben Hervorgebrachten scheint erschöpft zu sein, wenn der Impuls seinen Ablauf gefunden hat.

Die Deutung dieses frühesten Zeichnens muß unbefriedigend bleiben, wenn man den Bogen nicht weit genug spannt, wenn man die Spuren dieser Tätigkeit lediglich als einen Ausdruck der Gegebenheiten der anatomischen Voraussetzungen der eigenen Gestalt — der Muskeln und Gelenke — sehen will. Sind die unterschiedlichen Formen im Duktus der frühkindlichen Handschrift, das «Hiebkritzeln», «Schwingkritzeln» und «Kreiskritzeln» (H. Meyers), wirklich nur aus der Motorik der Funktion zu erklären? Gewiß, das Instrument, der Leib, und somit seine funktionellen Gegebenheiten sind geschaffen, wenn das Kind zum Stift greift. Doch wirken offensichtlich Kräfte impulsierend, die den gesamten Organismus aufbauen und gliedern. Wir müssen tiefere Schichten von Lebens- und Gestaltungsprozessen mit einbeziehen (siehe menschenkundliche Anmerkungen). Wo finden wir vielleicht in größeren Zusammenhängen ähnliche Formen der Gestaltung? Ist es abwegig, wenn sich beim Betrachten dieser ersten kindlich-zeichnerischen Schwünge Assoziationen zu den Bewe-

Junge
2 Jahre 4 Monate

Junge
2 Jahre 3 Monate

gungsrhythmen im Kosmos aufdrängen? Erinnern uns diese Kurven an die schwingenden Bahnen der Planeten (Seite 15), oder finden wir zu den Strömungsrhythmen des Fließenden eine Formverwandtschaft (Seite 14)?

Schwenk weist nach, wie die Strukturen sich verdichtender Substanzen Formbewegungen fixieren, die aus einem Urströmenden entstehen, und wie sich den Formen der Bewegung Formen der Gestaltung eingliedern. Er zeigt im Experiment Bildeprozesse, die den unterschiedlichsten Organformen zu Grunde liegen und die die Strukturierung der Muskeln und Knochen bestimmen.

In der Zeichnung des Kindes scheint sich aus wachstumsgesetzlichen Prozessen die Gestalt zu bilden. Lineare Bewegungsstrukturen verdichten sich zur ersten Menschendarstellung. Sie wirkt völlig embryonal und erinnert an eine frühe Differenzierung von Gehirn und Rückenmark.

Parallelen der frühkindlichen Zeichnung zu frühen Zeugnissen der Kunst- und Kulturgeschichte lassen sich aufzeigen. Deutlich finden wir dieselben zeichenhaften Formulierungen des Kindes auch in Funden früher Kulturen. Haben wir es mit einer

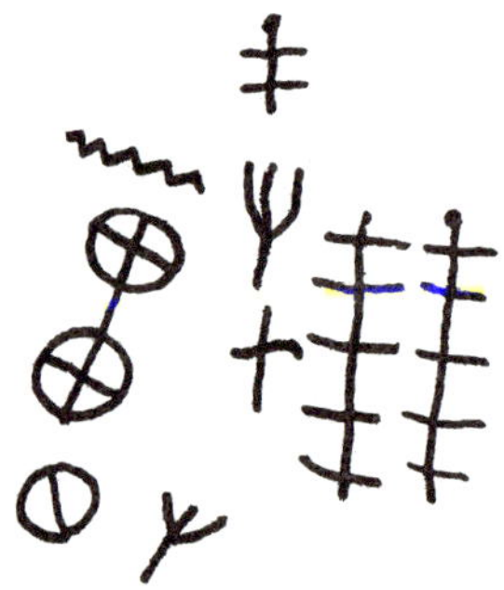

Owens-Valley (Kalifornien)

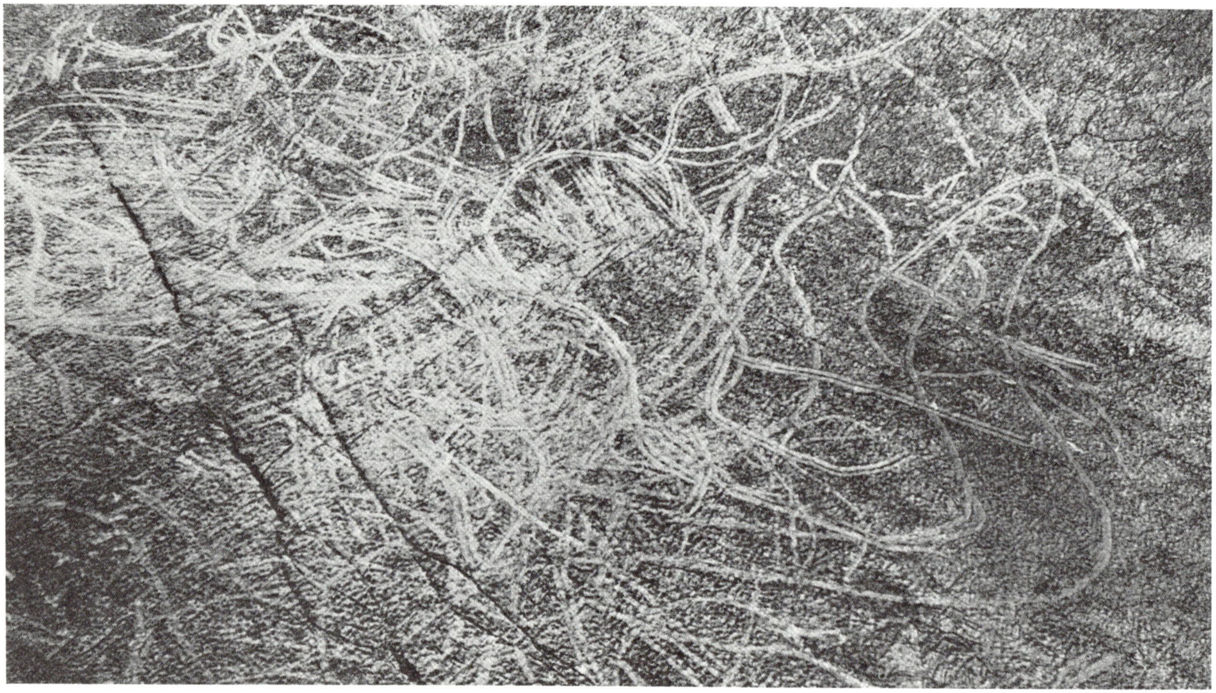

Pech-Merle (Lot)

Mädchen
1 Jahr 10 Monate

Zeichensprache zu tun, die allem Werdenden zugrunde liegt? Begegnen wir z. B. in den Ritzbildern von Pech-Merle (vergl. Seite 17) oder Owens-Valley (Seite 29 und 43) einer «Kritzelstufe» der Menschheit? Verdichten sich aus einem Meer von Bildekräften verwandte Strukturen, wie sie uns das Kind aufzeichnet? Die Wurzel der Ornamentik gehört mit in diese Sicht, so wie z. B. die Gravierungen auf den Dolmen von Gavrinis (vergl. Seite 55) oder Carschenna (Seite 24).
Scheltema, Wirth und Karutz tragen als Völkerkundler wertvolles Material bei, das diese Vertretung zu bestätigen scheint. Besonders Letzterer weist auf eine Menge von Beispielen hin. Erweiternd in dieser Sicht und zugleich überleitend zu den Entwicklungsstufen des Kindes im ersten Jahrsiebent sind die Ausführungen Rudolf Steiners (1911), in denen er innerhalb der kulturgeschichtlichen Entwicklung die Schritte der Menschheit von

 Carschenna (Graubünden) Gavrinis (Bretagne) ▶

einem «traumhaft-hellsichtigen» Schauen bis zu einem bewußten Wahrnehmen der ihn umgebenden Sinnenwelt aufzeigt. Innerhalb dieser Entwicklung zeigen uns die kulturgeschichtlichen Funde den jeweiligen Standort auf. Ist auch die kindliche Zeichnung der Abdruck, die «Fußspur» auf dem Wege der Menschwerdung?
Es ist uns geläufig, daß der Mensch während seiner Embryonalentwicklung physiologisch tierähnliche Stufen durchläuft. Auf dem psychischen Felde gibt es ebenfalls Gesetze, die zurückliegende Entwicklungsphasen spiegeln. Innerhalb des kindlichen Zeichnens finden wir auch eine Wiederholung. In welchem Alter auch immer das Kind innerhalb des ersten Jahrsiebents zum Stift greift, es wird zunächst bei der Kritzelstufe eines Zweijährigen beginnen. Ist das Kind schon älter, so wird es alle Stufen des Gestaltens in rascher Folge durchlaufen, um bei dem Motiv zu verweilen, welches seiner Entwicklung entspricht.
Das Verständnis für die Stufen der Kultur und der Bewußtseinsentwicklung wird erweitert, wenn man sie im Zusammenhang mit den kindlichen Schaffensepochen sieht. In seiner Zeichnung schildert uns das Kind unterschiedliche Bewußtseinszustände, die denen der Kulturepochen parallel sind. Eine zeitliche Gliederung innerhalb des ersten Jahrsiebent zeigt dieses Phänomen im größeren Zusammenhang.
Die früheste Phase des kindlichen Zeichnens führt bis zum dritten Jahr. Die nächste schließt sich bis gegen das fünfte Jahr an und wird durch die dritte Phase abgelöst, die etwa mit dem siebenten Jahr ausläuft. Die angedeutete zeichnerische Gliederung wird sich uns im folgenden darstellen. Zunächst beobachten wir das Kind, wenn es zeichnet:
In der ersten Phase, **vor dem dritten Jahr,** gibt es sich träumend dem Gestaltungsprozeß hin. Es ist vollkommen eins mit den Rhythmen, die auf dem Papier sichtbar werden, lebt ganz in der Bewegung und wird von ihr getragen. Es ist daher nicht in der Lage, auf die Frage eines Erwachsenen seine Tätigkeit kommentierend mit einem Inhalt zu belegen.
Anders zeigt sich die zweite Phase **nach dem dritten** Jahr. Nun läßt das Kind sich phantasievoll assoziierend vom Entstehenden leiten. So hören wir Barbara beim Zeichnen: «Oh, das ist ein Bär, der hat Ohren, immer mehr und immer größer — und Beine, viele, viele, mit denen er läuft . . .».
Charakteristisch für die dritte Phase **nach dem fünften Jahr** ist das Verhalten von Andreas. Während er seine Stifte holt und sich an den Tisch setzt, sagt er, bevor er zu zeichnen beginnt . . . «ich mal jetzt dem Herrn Ackermann sein Haus und sein' Hund . . .». Andreas nimmt sich ein Thema vor, und die Bewußtseinslage seines Alters läßt eine klare Interpretation zu.
Diese skizzenhaft-aphoristisch aufgezeichneten Blickpunkte sollen genügen, um eine erste Ordnung anzugeben, die das kindliche Zeichnen uns sehen lehrt. Es wären hierzu gewiß interessante Untersuchungen in den verschiedensten Richtungen möglich, doch würde dies im Rahmen dieses Buches zu weit führen. Nun soll das Kind selber aufgerufen werden, uns im Verstehen seiner Zeichnung zu helfen. Unser Interesse wächst — Assoziationen stellen sich ein — Fragen entstehen. Das Kind besitzt ein eigenes Vokabular, mit dem es seine Mitteilungen umschreibt.

Junge
1 Jahr 11 Monate

Junge
1 Jahr 11 Monate

I. LINIE UND BEWEGUNG

Von den Bauelementen der frühkindlichen Zeichnung

. . . «daß Gott in seinem unerschütterlichen Ratschluß das Gerade und das Krumme auserwählt hat, um mit ihm die Göttlichkeit des Schöpfers in die Welt zu zeichnen . . . So hat der Allweiseste also die Größenwelt ersonnen, deren ganzes Wesen in den beiden Unterschieden des Geradlinigen und des Krummlinigen beschlossen ist . . .»

Johannes Kepler, Harmonices mundi

«Eine kreisende, spiralige und eine sich auf- und abbewegende Kraft . . .» (H. Strauss, 1932) führen die beiden Urbewegungsspuren der kindlichen Zeichensprache vor Augen. Aus diesen beiden schöpferischen Prinzipien formt sich das «Wirbelknäuel» und das «Urkreuz». Im graphisch-linearen Bereich gibt es letztlich nur diese beiden Möglichkeiten: die gerade und die gebogene Linie. Die Gerade, die sich bis zum Unendlichen ausdehnt, und die Gebogene, die sich bis zum Kreis rundet und sich zum Punkt zusammenziehen kann. Kepler weist auf die kosmisch-sphärische Abkunft dieser beiden Bewegungen hin. Er sieht in diesen Rhythmen die göttliche Handschrift, das urschöpferische Gestaltungsprinzip.

Frühe Phase

Die Abbildungen auf Seite 20 ziehen unmittelbar in den lebendigen Prozeß des Gestaltens hinein: Eine umgreifende, freischwingende Bewegung ballt sich zum Knäuel; ihr gegenüber steht ein Pendeln in verschiedene Raumesrichtungen.

Das Kind lebt hier völlig die Dynamik der oben beschriebenen Bewegungstendenzen aus: Rotieren und Pendeln scheinen ohne Anfang und Ende. (Alter knapp zwei Jahre).

Gerhard Gollwitzer empfiehlt für das Zeichnen einer Kreisbewegung: «Kreise wie ein Adler in der Luft über dem Papier, bis allmählich das Kreisen sichtbar wird im gezeichneten Kreis. Immer kreisend fährst du fort, bis du endlich – leider aufhören mußt . . .». Hier ist das Kreisen voll ausgeschöpft, und wer die Wonne des Kindes miterlebt, wenn aus diesen Kreisen ein Wirbelknäuel oder ein «Ball» wird, der kann seine Freude nachempfinden.

Das Kind verharrt nicht im Rotieren. Die Ballung lockert sich. Die Spur zeigt nach dem anfänglich Kreisenden eine Bewegung auf, die den Schwerpunkt in die Mitte verlagert. Dort setzt das Kind einen Akzent. Die Bewegung, die sich eben noch völlig in der Dynamik der Rotation auslebte, wird nun fixiert und kommt nach einem energischen Auf-Ab zur Ruhe. Es werden so die ersten Spuren eines Weges sichtbar, der von außen nach innen führt.

Wirbel

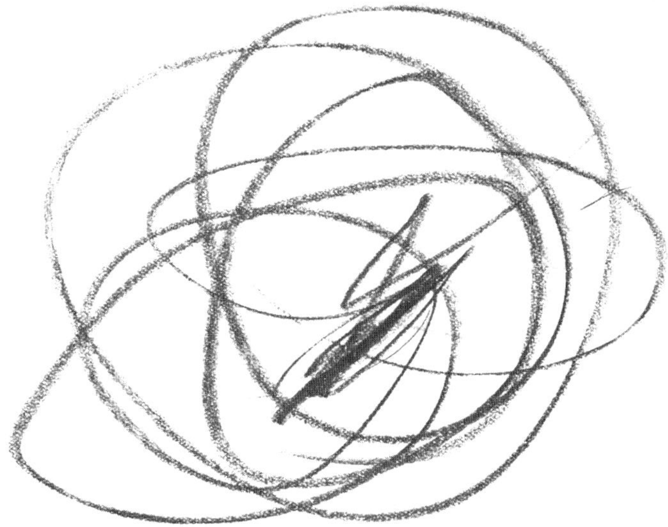

Mädchen
1 Jahr 10 Monate

Die Zeichnung macht deutlich: die Führung wird immer eindeutiger: aus dem Felde des ursprünglichen Wirbelknäuels entsteht ein immer mehr gezielter Bewegungsablauf. Das Kind bremst die Dynamik. Eine in sich ausgewogene Spiralbewegung wird sichtbar. Am lebendigen Strich der Kurve ist noch die ganze Intensität des Schwingens abzulesen. Die Bewegung scheint von weit draußen hereingeholt zu sein, um auf dem Blatt zur Ruhe zu kommen. Weit ausholend schwingt sie an, um sich rasch zur Mitte hin zu konzentrieren. Wieder wird der Akzent dort gesetzt, wo die Bewegung zur Ruhe kommt, wo aus dem Umkreisenden das Innen gefunden wird. Bis zum dritten Jahre begegnen wir bei den Kindern – wenn nicht außergewöhnliche Umstände vorliegen – ausschließlich Spiralen, die von außen nach innen schwingen.

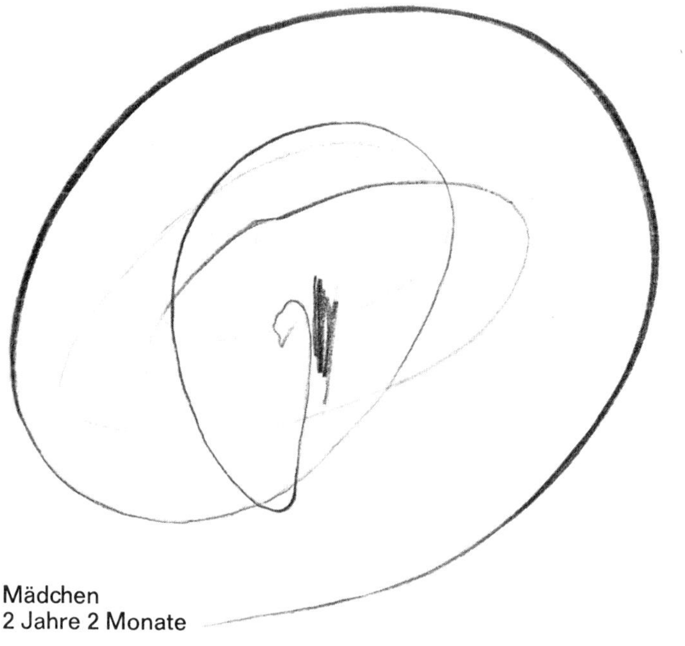

Mädchen
2 Jahre 2 Monate

Mädchen
2 Jahre 7 Monate

In den Spiralen der Abbildung oben ist die Dynamik zur Ruhe gekommen, sie ist zu einem in sich ausgeglichenen Bewegungsablauf geführt. Nun ist es kein Adlerflug mehr, auch kein Kreisen und ein Ziel anpeilen und Fixieren; diese Kurven sind die Spuren eines Weges, der mit Bedacht zurückgelegt wird.

Die Tatsache, daß sich nun die Bewegungsspur, in der Mitte angekommen, nicht wieder wendet, um von innen nach außen zu schwingen, wirft ein Licht auf die Situation des Kindes dieses Alters.

Um das dritte Jahr herum hat das Kind eine Wegstrecke zurückgelegt, die es ihm ermöglicht, ein Innen und ein Außen zu erleben. Die erste Trotzperiode markiert die innere Spannung dieser Phase. Drei wesentliche Entwicklungsschritte hat das Kind bis dahin getan. Zunächst brachte der Erwerb der Aufrechten die erste Trennung zwischen der Welt und dem Selbst. Das schrittweise Erlernen der Sprache knüpfte eine neue Verbindung zum Mitmenschen. Und endlich zum Abschluß dieser ersten Entwicklungsphase kristallisieren sich die ersten Ansätze der Denkformen heraus.*

* Siehe K. König: «Die ersten drei Jahre des Kindes».

In der Zeichnung ist das Kind nun sorgfältig bemüht, einen Kreis zu machen und ihn «zuzumachen», «zuzubinden». Alle Eltern kennen dieses Bemühen und erleben die Intensität, mit der es sich dieser Aufgabe widmet.

So sitzt ganz vertieft ein kleines Mädchen am Tisch und zeichnet Kreise, seitenweise immer neue Kreise. Es hat heute seinen dritten Geburtstag, und auf die Frage: «wie heißt Du denn?», kommt entschieden die Antwort: «Ich? Ich heiße ‹Ich›!» Dieses Aufblitzen des Ichbewußtseins dokumentiert sich in der kindlichen Zeichnung in der Kreisform.

Mädchen
3 Jahre 2 Monate

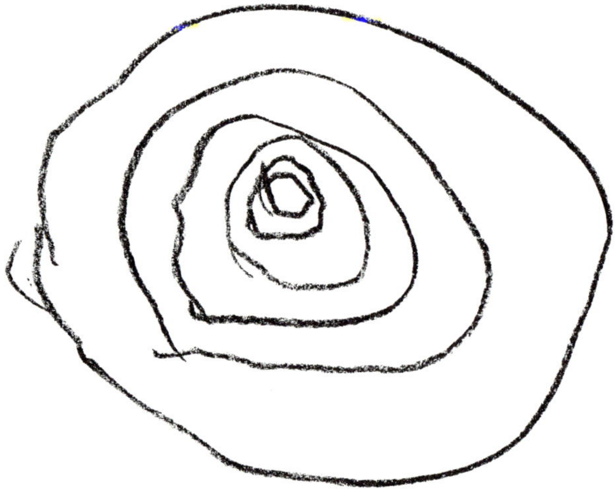

Mädchen
3 Jahre 3 Monate

Kreuzung

Bevor wir die Entwicklung der Kreisform weiter verfolgen, knüpfen wir bei dem ersten pendelnden Schwingen an. Wir gehen im Alter wieder zurück auf das zweite Jahr. Die gleiche Situation wie beim Kreis drückt sich im Bereich der Geraden aus. Spielerisch pendelt die Bewegung auf dem Blatt. Zunächst scheint sich noch nicht zu entscheiden, welche Richtung eingeschlagen werden soll, doch allmählich spielen sich zwei Richtungen ein: die der Vertikalen und die der Horizontalen.

Mädchen, 2 Jahre

Mädchen
2 Jahre 1 Monat

Die folgenden Abbildungen (oben und S. 27) spiegeln das Aufrichte-Erleben des Kindes wieder. Sie illustrieren von verschiedenen Aspekten den Versuch, die Senkrechte zu erobern, die Bemühung um das Gleichgewicht und die Energie, sich in der Aufrechten zu halten. Nun pendelt die Bewegung nicht mehr vage in alle Richtungen, sie gleitet von oben nach unten und schwingt im lockeren Wirbel rechts aus. Der senkrechten Achse gesellen sich die waagerechten Linien bei, und zuletzt setzen sich Wirbel an die Enden der Bahnen. Diese Wirbel halten die Kompositionen im labilen Gleichgewicht von oben und unten, rechts und links.
Werden hier die Kraftströme nachgezeichnet, die ins Spiel kommen, wenn das Kind zum ersten Mal um die Aufrichtung seiner Gestalt kämpft? Erinnern wir uns: noch mußte es sich am Geländer des Laufstalles hinaufziehen und festhalten, nun steht es frei und übt, das Gleichgewicht zu halten. Kann dieses Bemühen lebendiger und treffender aufgezeichnet werden?
Lesen wir dieser Zeichnung erste Balancierversuche des Kindes ab, so zeigt uns die folgende Abbildung die große Energie, deren es bedarf, die Aufrechte zu halten und immer wieder neu zu erobern. Das unermüdliche Üben, die harte Arbeit des Kindes spiegelt sich hier eindrucksvoll wider. Ist nicht diese Linie, die so entschieden in die Senkrechte hinaufgezogen wird, wie ein Jubel, wie ein Ausdruck der Freude, das Stehen erreicht zu haben?

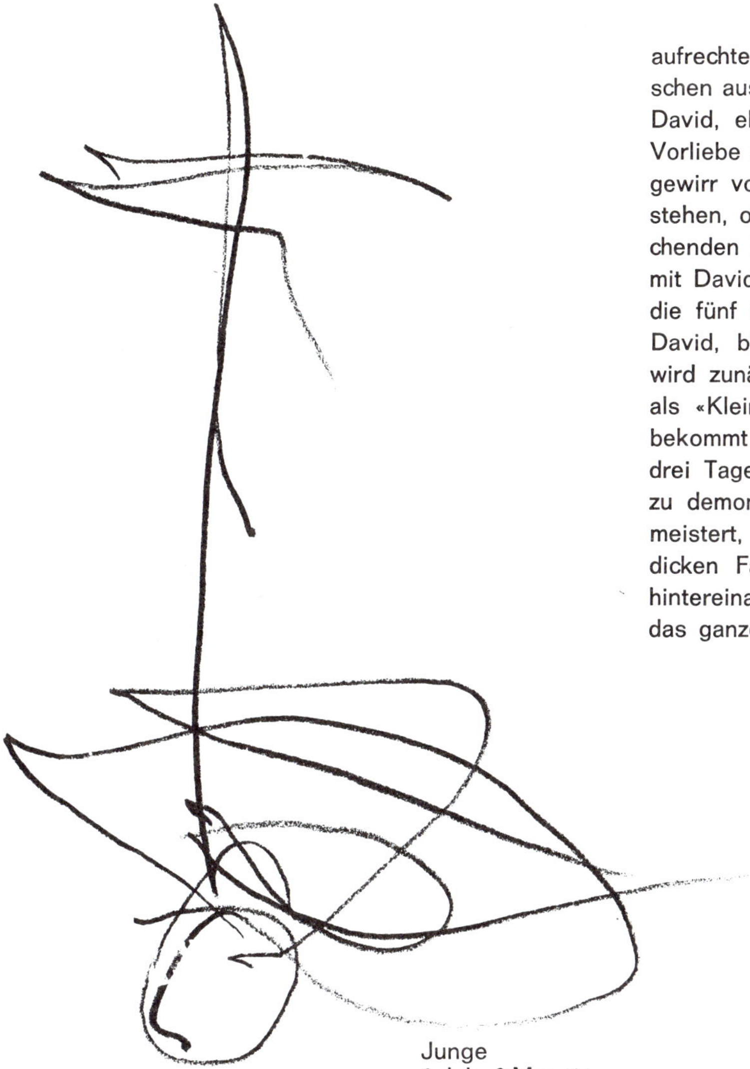

Junge
1 Jahr 9 Monate

Jeder weiteren Kreuzung liegt diese Entschiedenheit zugrunde, auch dann, wenn die Dynamik der Bewegung sich zugunsten eines Abstrakt-Zeichenhaften beruhigt

Das Zeichen der Kreuzung dokumentiert das Stehen im Raume. Ein neuer Impuls gibt ihm die Orientierung. In der Zeichnung rechts erleben wir diesen Impuls, diesen Ich-Einschlag eindrucksvoll. Das aufrechte Gehen und Stehen zeichnet den Menschen aus, es hebt ihn über das Tierreich hinaus.

David, eben drei Jahre alt geworden, nahm mit Vorliebe einen harten Bleistift und ließ ein Liniengewirr von feinstem Filigran auf dem Papier entstehen, ohne jedoch zu der seinem Alter entsprechenden Kreuzung zu finden. Die Familie verreist mit David und dem jüngeren Bruder zu Freunden, die fünf Kinder haben. Alle sind älter als David. David, bisher der Älteste, der «große» Bruder, wird zunächst nicht fertig mit seiner neuen Rolle als «Kleiner». So flüchtet er in die Krankheit, er bekommt Fieber und läßt sich verwöhnen. Nach drei Tagen steht er auf und ist gesund. Wie um zu demonstrieren, daß er nun die neue Situation meistert, zeichnet er zum ersten Mal mit einem dicken Farbstift auf mehreren Packpapier-Bögen hintereinander ein großes Kreuz senkrecht über das ganze Blatt.

Junge
2 Jahre 7 Monate

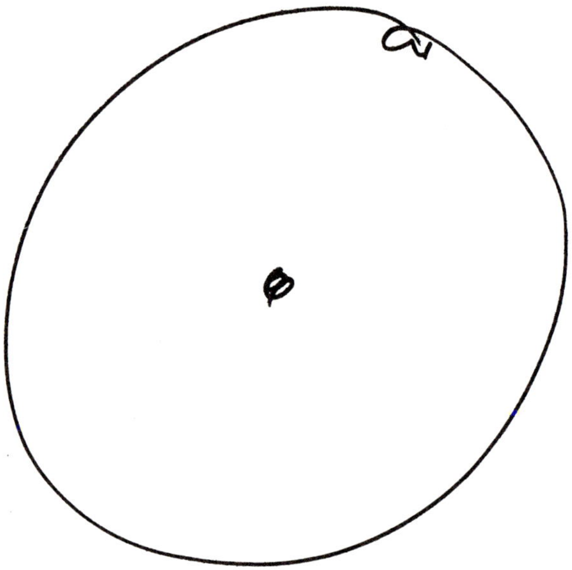

Mädchen
3 Jahre 3 Monate

Junge
3 Jahre 6 Monate

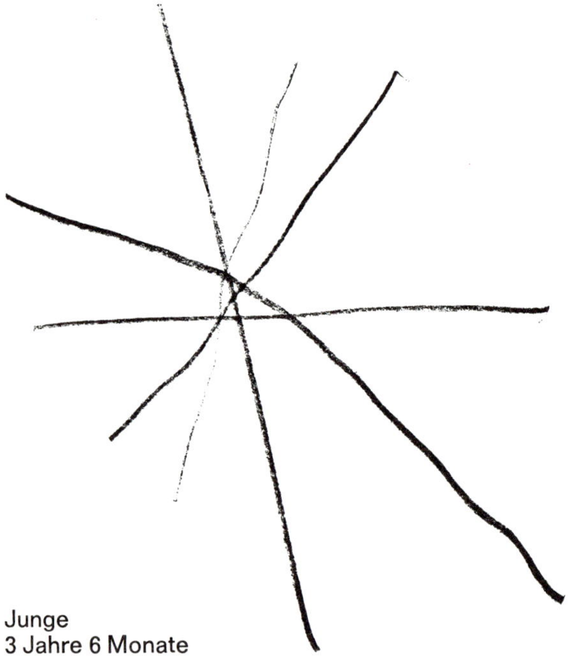

Junge
3 Jahre 6 Monate

Vom ersten Wirbelknäuel bis zur Kreisform, vom ersten sich verwebenden Pendeln bis zur Kreuzung sind wir den zeichnerischen Spuren gefolgt. Es ist ein Weg vom freirhythmisch Schwingenden bis zum Abstrakt-Geometrischen, vom strömend Werdenden bis zum zeichenhaft Geformten. Bevor das Kind einen weiteren Schritt vollzieht und die gefundenen Zeichen seiner Formensprache zusammenfügt, setzt es den Punkt in den Kreis ein und erweitert das Kreuz zum Stern.

Nach dem dritten Jahr werden Kreis und Kreuzung zu einer Einheit verschmolzen, sie tauchen in den verschiedensten Varianten bis über das fünfte Jahr hinaus auf.

Der Kreis, dessen Mittelpunkt durch den Punkt oder durch das Kreuz fixiert wird, umschreibt die Lebenssituation des Kindes dieses Alters. Es zeigt hier seine Beziehung zu Innen und Außen auf, wobei es Punkt oder Kreuzung stellvertretend für sich selbst ins Zentrum des Innenraumes setzt. In beiden Zeichen illustriert es erstmalig sein Ich- und Umwelterleben. Punkt und Kreuzung im Kreis stehen als «Ich-Form».

Während das heutige Kind oft schon sehr früh — also vor dem dritten Jahr — sich selbst mit Ich bezeichnet, begegnen wir der Ichform in der kindlichen Zeichnung auch heute nicht vor dem dritten Jahr. Das würde bedeuten, daß dieser erste wesentliche Schritt zur Selbstfindung erst um diese Zeit wirklich vollzogen ist. Zwar zeigt das Kind vor dem dritten Jahr den Weg auf, der zu dieser Formung führt, zunächst aber bleibt die Handschrift locker und ganz aus der Dynamik der Bewegung geführt. Erst das abstrakte Zeichen illustriert den Abschluß dieses Prozesses. Könnte sich hier nicht dem aufmerksamen Betrachter der kindlichen Zeichnung das Phänomen der Akzeleration, die Divergenz zwischen der körperlichen und seelischen Reifung in einem neuen Lichte zeigen? So wäre interessant, an der jeweiligen Zeichnung abzulesen, ob gewisse Entwicklungsschritte sich noch im Stadium des Werdens befinden oder ob sie bereits abgeschlossen sind.

Wenn wir uns den Ursprung von Punkt und Kreuzung innerhalb des Kreises nochmals vor Augen führen, so wird uns — etwa als Eltern — beim Betrachten einer Zeichnung unseres Kindes interessieren, ob es sich als Punkt oder Kreuzung innerhalb des Innenraumes empfindet. Seine Ausdrucksweise wirft ein Licht auf seine individuelle Situation. Wir verfolgten die Verwandlung der kreisenden Bewegung und fanden, daß sie sich,

Mittlere Phase

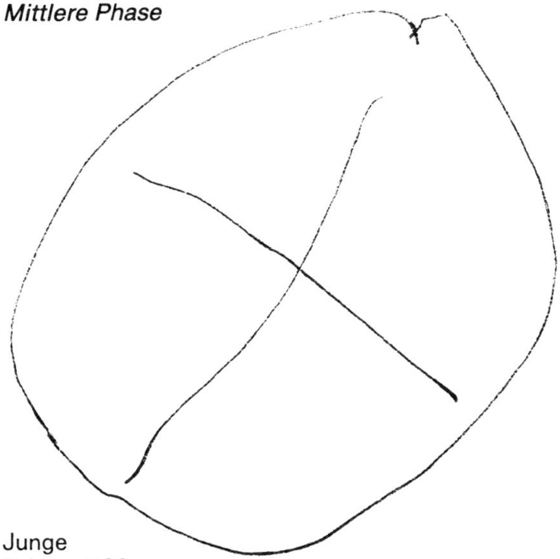

Junge
3 Jahre 7 Monate

aus dem Sphärischen kommend, bis zum Punkt zusammenzieht. Das rhythmische Schwingen im Einklang mit dem Kosmos tritt zurück, in der Mitte des Kreises steht nun der Punkt und beginnt eine neue Ordnung um sich herum zu schaffen. Das Kreuz, das achsiale Element, stellt sich in die Raumesrichtungen. Hier erlebt das Kind die Strukturierung der Umwelt durch die Kräfte, die von ihm ausgehen. Ist der erste Weg der Ausdruck eines mehr Kosmisch-Seelischen, so weist der letztere auf ein mehr Irdisch-Willenshaftes hin.

Wie wir Punkt (ursprünglich Wirbel) und Kreuzung als Formen seelischen Erlebens sehen können, so finden wir dieselben auch in der mittleren und späten Entwicklungsphase als Markierung von Leib-Bildeprozessen innerhalb des eigenen Organismus. Wirbel und Kreuzung werden auch hier als Formeln unbewußt verwendet. Der Wirbel wird in der Zeichnung dort gesetzt, wo lebendige, strömend-fließende Prozesse erspürt werden (Seite 41). Begegnen wir dem Element der Kreuzung im organfunktionellen Bereich, so können wir auf unbewußt wahrgenommene Verhärtungs-Prozesse

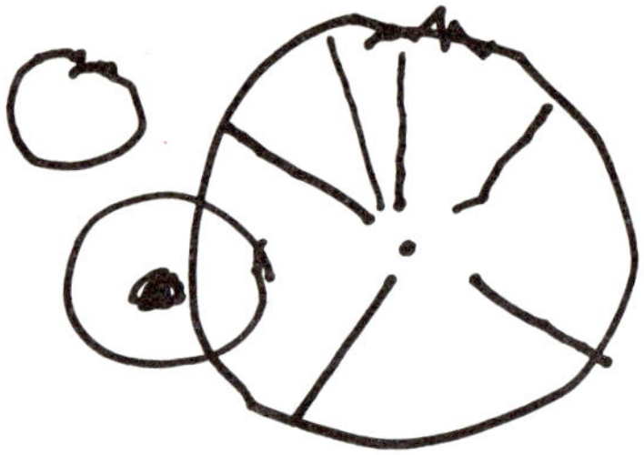

Mädchen
3 Jahre 4 Monate

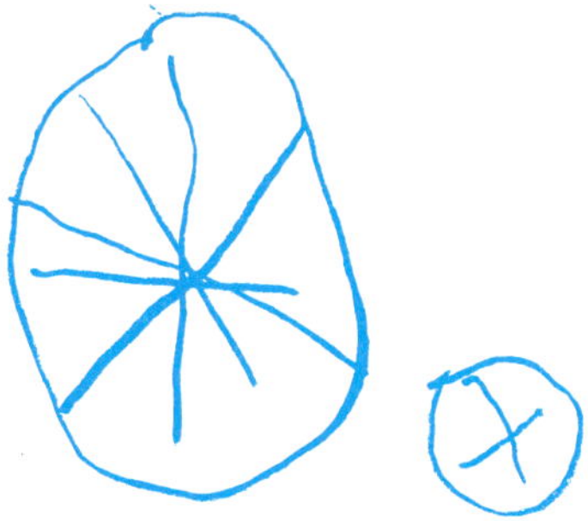

Junge
3 Jahre 2 Monate

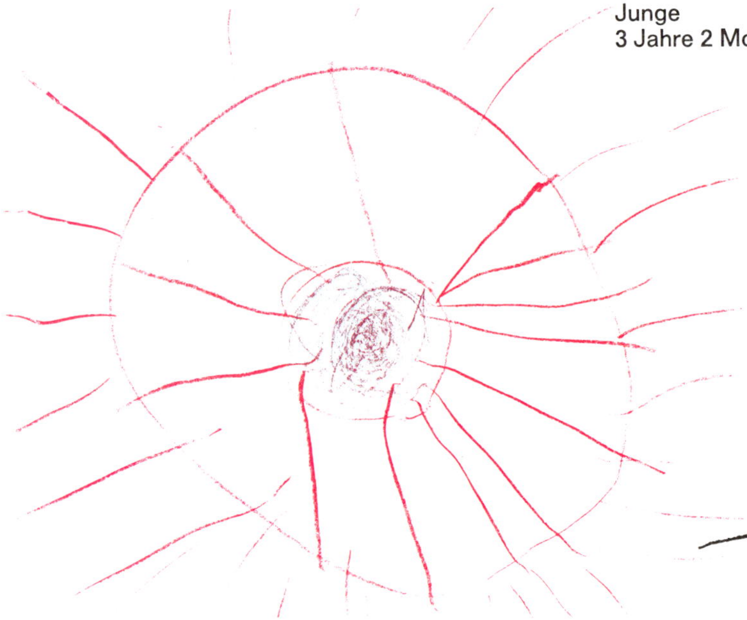

Mädchen
3 Jahre 9 Monate

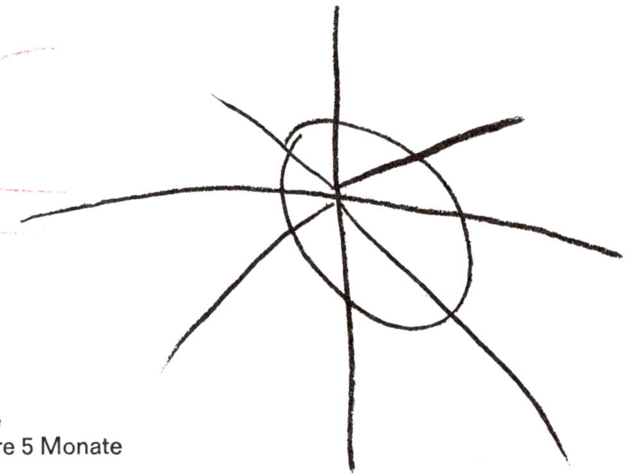

Junge
4 Jahre 5 Monate

schließen. In den Zeichnungen auf den Seiten 42, 43, 54, 55 prägen sie die Rumpfpartie. Auf der Abbildung der Seite 33 finden wir sie als Markierung des Zahnbilde-Prozesses (siehe menschenkundliche Anmerkungen).

Gegen das **vierte Jahr** bahnt sich eine Neuorientierung an. Haben sich Punkt und Kreuzung als Ich-Zeichen herauskristallisiert, so beginnt sich jetzt diese Konzentration allmählich zu lösen. Die Bewegungsspuren führen von innen nach außen. Zunächst strahlen sie vom Mittelpunkt aus, bis zur Peripherie des Kreises, bleiben in der Begrenzung, bald jedoch löst sich diese auf, tastende Fühler strecken sich über sie hinaus in den Umkreis.

Späte Phase

Immer mehr drängt gegen das **5. Jahr** ein illustratives Darstellen die zeichenhafte Formulierung in den Hintergrund. Doch die Zusammenstellung des kindlichen Vokabulars kann noch nicht abgeschlossen werden: Drei wesentliche Formprinzipien, Kreis, Quadrat und Dreiecksform, bestimmen formal die Hauptetappen des kindlichen Schaffens. Zunächst dominiert bis zum dritten Jahr das Kreisende. Es wird erweitert und teilweise abgelöst durch Quadrat und Rechteck. Das Dreieck taucht erst gegen das 5. Jahr auf und beeinflußt dann wesentlich die Ausgestaltung.

Im Zusammensehen der Bausteine der frühkindlichen Zeichnung ist bemerkenswert, was Rudolf Koch in seiner Sammlung von Zeichen und Symbolen zusammengetragen hat. Wir finden hier die Symbole der Astronomie, der Astrologie, die Urzeichen der Alchymisten, mit denen diese die Substanzen den vier Elementen zuordneten, die Zeichen der nordischen Runensprache und vieles andere, womit die verschiedensten Zeiten Evolutionsgesetzmäßigkeiten umschrieben haben. Blättern wir aufmerksam im «Zeichenbuch» des kleinen Kindes, so finden wir viel Bekanntes wieder. In völliger Unbewußtheit läßt uns das Kind dem Geburtsakt der Zeichensprache beiwohnen.

Schema des kindlichen Vokabulars:

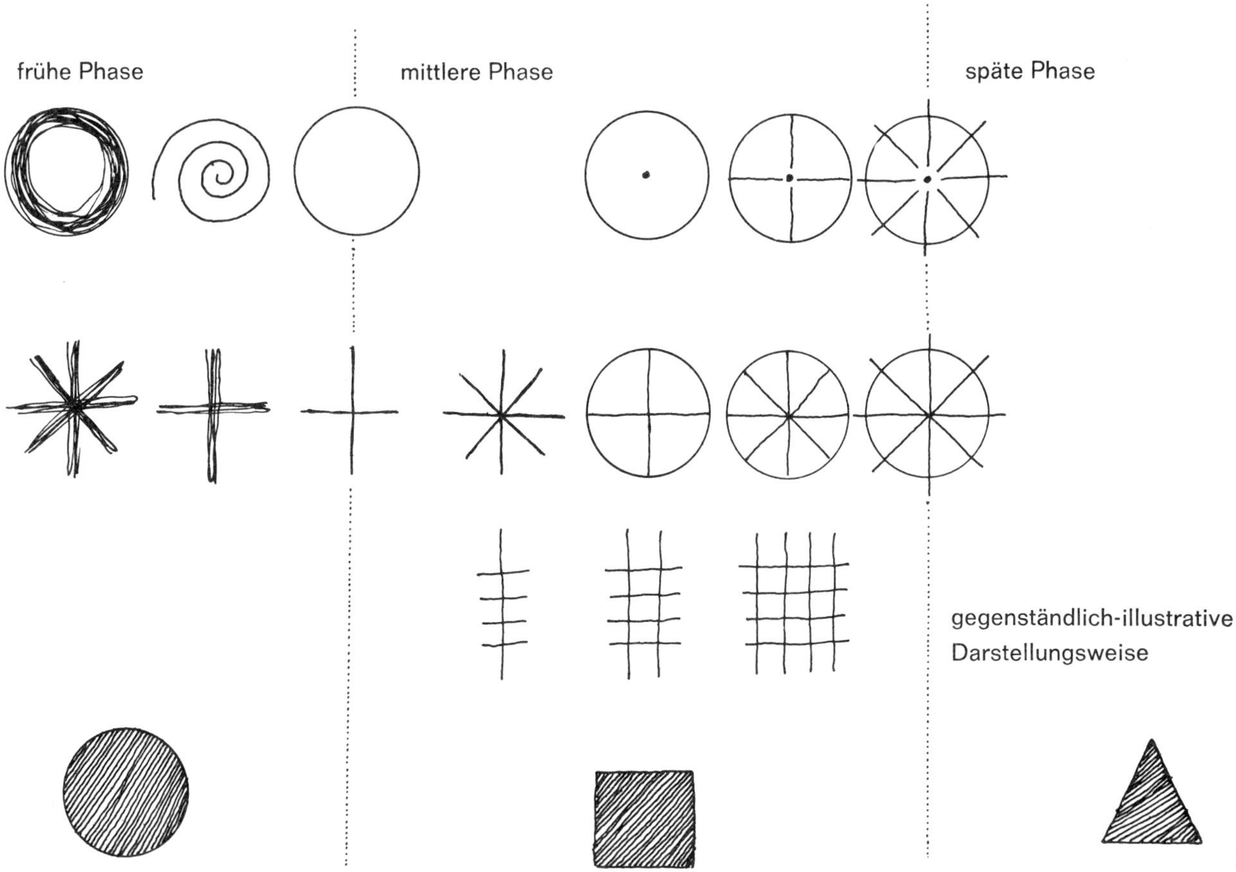

Junge
1 Jahr 10 Monate

Nur eine «Kritzelei» ist die Zeichnung auf Seite 32. Rainer ist noch keine zwei Jahre alt, er sitzt auf dem Fußboden und hat ein Blatt Papier vor sich. Er greift zu seinen Farbstiften, und es entsteht auf dem Blatt ein farbiges Liniengewirr. Nacheinander nimmt er einen blauen, einen roten und zuletzt einen schwarzen Stift. Er schaut nur ganz beiläufig hin, wie sich die verschiedenen Linien zu einer Komposition verdichten. Was ihn beim Zeichnen zu interessieren scheint, ist vor allen Dingen die Tätgkeit. So entsteht diese Komposition. Sie ist eine typische Kritzelzeichnung, die ganz aus der Dynamik dieser frühen Phase gestaltet ist, und so soll sie hier stellvertretend für manches Blatt dieser Art stehen.

Die Intensität, die den Stift führt und zur Verdichtung der Komposition drängt, läßt ahnen, daß für ihr Entstehen nur wenige Minuten benötigt worden sind. Kaum werden die Eltern solch einer Kritzelei eine große Bedeutung beimessen, und meist wandern diese frühen Blätter in den Papierkorb. Sie werden von uns Erwachsenen als erste, noch nicht gelungene zeichnerische Versuche gewertet. Selten ist es ein Blatt Papier, häufiger die Tapete an der Wand, der Fußboden, Möbel oder die Seiten eines Buches, die diesen ersten Kritzeleien als «Zeichenunterlage» dienen.

Wir verfolgen das entstehen eines solchen Blattes: Die Komposition führt uns drei übereinander gezeichnete Schichten vor Augen: eine blaue, eine rote und eine schwarze.

Die unterste Lage, also die zuerst gezeichnete Schicht in blau, zeigt einen für dieses Alter erstaunlich nach dem Zeichenhaften geführten Bewegungsablauf: eine lockere Kreisbewegung, aus der zwei Kraftströme fließen.

In der roten Lage überwiegt ein pendelndes Schwingen. Die blaue Bewegung entließ zwei Kraftströme, jetzt greift die nächste Schicht dieses Strömen wieder auf als einen Rhythmus, der sich im Auf und Ab, im Steigen und Fallen auslebt.

Die dritte Schicht in Schwarz baut sich von unten nach der Mitte der Komposition ein, sie scheint von einer stark willenshaften Dynamik geführt.

Im Bewegungsduktus weichen diese drei Schichten jeweils stark voneinander ab. Zwei Pole stehen sich in ihrer gegensätzlichen Gestaltungsweise gegenüber. Die zuerst gezeichnete Lage läßt einen gegensätzlichen Bewegungsablauf erkennen. Das umkreisende Blau verharrt in sich, während sich die schwarze Bewegung mit eruptiver Wucht auslebt. Die rote Schicht pendelt strömend zwischen diesen Polen.

Im weiteren Verlauf dieser Ausführungen wird deutlich werden, daß bereits einer solchen ersten Kritzelei alle Elemente der menschlichen Gestalt zugrunde liegen. Noch verschlüsselt, ganz in der Handschrift des sich im Prozeß Erlebenden, werden diese ersten Kompositionen gegliedert. Das Motiv des Menschen impulsiert unbewußt selbst die früheste Kritzelzeichnung (Alter 1 Jahr 10 Monate).

Junge
4 Jahre 4 Monate

Das Menschenbild und das Bild des Baumes

«Und er nahm den Blinden bei der Hand und führte ihn hinaus vor den Flecken und spützte in seine Augen und legte seine Hände auf ihn und fragte ihn, ob er etwas sähe? Und er sah auf und sprach: ich sehe Menschen gehen, als sähe ich Bäume.»

Markus 8, 23–24

Das Motiv des Menschen beherrscht das zeichnerische Schaffen im ersten Jahrsiebent. Es ist das Objekt, welches auf jeder Stufe vom Kinde neu erschaffen wird und mit dem es sich völlig identifiziert.

Das Motiv «Mensch» wird scheinbar aufgefächert in die Motive «Baum» und «Haus», doch diese erweitern nicht den Themenkreis, sondern sind lediglich deren Modifikationen. Blicken wir auf historische Überlieferungen zurück, so begegnen wir z. B. in der Edda dem urtümlichen Bild des Baumes. Aus kosmischen Urkräften wächst die Weltenesche Ygdrasil. Die erste Menschendarstellung in der kindlichen Zeichnung trägt Baumcharakter, sie illustriert das Erspüren von Kräftewirksamkeiten an der eigenen Gestalt. Die Darstellung des Hauses bezieht die Beziehung zur Umwelt mit ein. Im Verlaufe der Entwicklung des Kindes verlagert sich der Schwerpunkt im Erspüren der Kräfte, die an ihm schaffend bilden. So entstehen verschiedene Formulierungen zum gleichen Thema.

Spricht man das Kind an und fragt, was es gezeichnet hat, so stößt man in der Regel auf eine entwaffnende Konzilianz in der Ausdeutung des eigenen «Werkes». Die Auskunft wirkt verbindlich, aber mit Erstaunen stellen wir fest, daß es, von anderen befragt, den Inhalt desselben Blattes völlig neu interpretiert. Einmal ist's die «Oma», die konterfeit wurde, im nächsten Moment vielleicht ein «Auto», ein «Hund» oder aber ein Gebilde, was mit einem phantasievollen Namen benannt wird: der «Krabbelfax» oder eine «Ziegamitze». So vom Kinde an der Hand genommen und in seine Phantasiewelt entrückt, könnte man an eine Vielzahl von Motiven seiner Zeichnung glauben. In der Regel aber ist es, wenn man es unbeeinflußt zeichnen läßt, wenig daran interessiert, Auskünfte zu erteilen. Jede Regel hat allerdings ihre Ausnahme. Die Auslegung wiegt schwer, wenn das Kind sofort nach dem Entstehen einer Zeichnung unaufgefordert kommt, um das Blatt zu zeigen, und der Mitteilungsdrang ins Wort überspringt (siehe Seite 37

Mädchen
1 Jahr 11 Monate

und 48). Dies trifft auch für viele Blätter zu, die unmittelbar nach dem Aufwachen entstehen.
In der Abbildung oben liegt wie in einem Samenkorn eine Vielfalt an Möglichkeiten. Die Grundelemente, die Krumme und die Gerade, sind hier keimhaft ineinander verwoben. Erst Schritt für Schritt beginnt sich die Verschmelzung zu lösen, und die einzelnen Strukturen setzen sich voneinander ab. So entstehen Gebilde, die von vielen Kindern unabhängig voneinander als «Baum», «Mensch» oder «Mann» benannt werden (Seite 37). Baum und Mensch sind zunächst eine Einheit. In der kindlichen Baum-Menschen-Darstellung ist die Verknäuelung der «Ball», die «Wurzel». Aus ihr wächst und gliedert sich die Gestalt (siehe blaue Schicht Seite 32). Es ziehen sich Kraftströme nach unten und schließen sich zum «Stamm» (siehe rote Schicht Seite 32) zusammen. Der Baum-Mensch die-

Mädchen, 2 Jahre

Junge
2 Jahre 1 Monat

ser frühen Stufe nimmt noch keine Beziehung zur Erde auf. Schwerelos schwebt oder rotiert er im Raume. Er ist ganz aus dem unbewußten Erspüren vegetativer Prozesse gestaltet, in die das Kind selbst einverwoben ist. So ist das Kind keineswegs befremdet, wenn der «Baum» eine menschliche Physiognomie trägt oder wenn die Menschengestalt einem stammartigen Rumpf ähnelt.

Bisher besteht unsere Menschendarstellung lediglich aus «Kopf» und «Rumpf». Werden nun die Gliedmaßen hinzugefügt, so beginnt ein weiterer charakteristischer Differenzierungsprozeß. Die gestaute Bewegung am unteren Ende des Stammes, die quer zur Senkrechten verläuft, fixiert eine Verankerung nach unten. Ein erstes «Fußfassen» deutet sich hiermit an.

Zunächst erscheint der Mensch als Säule. Beide Füße sind zu einer Einheit gebunden, auf der die Gestalt sockelhaft steht. Erst schrittweise lockert sich dieses Statische, und die Gestalt beginnt sich zu bewegen. Die Arme werden quer zum Rumpf angesetzt, auch sie sind am äußeren Ende miteinander verkettet.

Um das dritte Jahr scheint die erste skizzenhafte Fixierung der menschlichen Gestalt abgeschlossen. Nun schwebt sie nicht mehr kosmisch-rotierend im Raume, sondern steht auf dem Boden. Kopf, Rumpf und Gliedmaßen werden jetzt zeichenhaft der Gestalt eingegliedert.

Mädchen
2 Jahre 1 Monat

Mädchen
2 Jahre 3 Monate

Mädchen
2 Jahre 6 Monate

Unterschwellig bleibt eine tiefe Verbundenheit des Motivs Baum und Mensch über das erste Jahrsiebent hinaus bestehen. Auch in späteren Lebensphasen spiegelt das Bild des Baumes in der Zeichnung wesentliches von der Eigenart des Menschen wider.*
Der Ich-Einschlag, der die Kreuzung in die Senkrechte stellte, liegt dem Säulen-Menschen zugrunde. Die Formen der Zeichnungen auf der Seite 26 und 27 entstehen zeitlich parallel mit diesem.
Mit dem Ausarbeiten der Gliedmaßen lockert sich die Statik der Gestalt. Die Hände und Füße lösen sich mehr und mehr aus der Bindung. Die Darstellungen bekommen in dieser Phase ein fast marionettenhaft Schwebendes. Wie war es, als das Kind laufen lernte? Ungezählte Male ist es hingefallen, nachdem es sich frei im Raume zu bewegen begann. Aber wurden diese Stürze nicht sogleich wieder abgefangen? Wie eine Marionette am Faden hängend, fand das Kind sogleich wieder in die Aufrechte.

Kopf

Beginnend in der frühen bis in die späte zeichnerische Phase hinein, stellt das Kind den Kopf als eine in sich geschlossene Rundung dar. Augen, Mund und Nase werden von ihm als wesentliche Charakterisierung der menschlichen Physiognomie eingefügt. Hiermit hat das Kind bereits für die Darstellung des Antlitzes seine Formel gefunden und es setzt diese in der Folge zeichenhaft, ohne wesentliche Veränderung ein. Selbst bis zum fünften Jahre hält es an der frontalen Ansicht des Antlitzes fest. Die Profilansicht kommt erst dann hinzu.

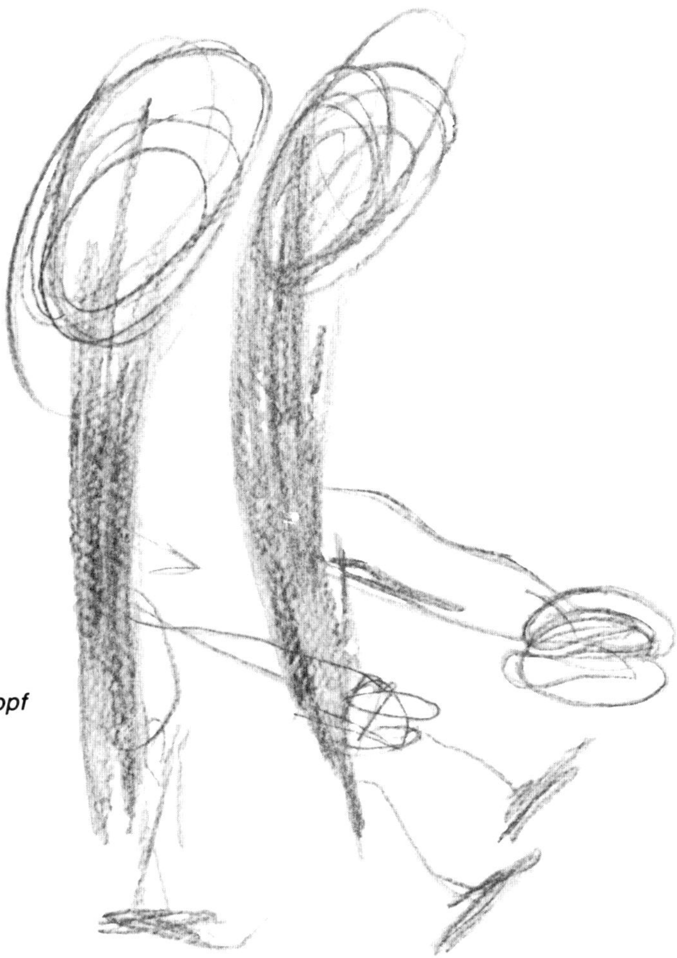

Mädchen
2 Jahre 8 Monate

* Vergl. Karl Koch: «Der Baumtest».

Cäcilia (Alter 3½) ist eifrig am Zeichnen. Und während ihr Stift über das Papier gleitet, sagt sie: «... das ist ein Stamm, da wird ein Mann draus.» Dieser Ansatz ist neu. Bisher umkreiste der Stift die Kugelform des Kopfes, und an ihn gliederte sich die übrige Gestalt. Nun, nach dem dritten Jahr liegt der Schwerpunkt der Darstellung in der Rumpfpartie. Die menschliche Gestalt entsteht aus dem «Stamm».

Die Orientierung um eine Symmetrieachse ist jetzt allen Darstellungen gemeinsam. Sie bestimmt die Richtung in die Vertikale und bildet das Rückgrat der Gestalt. Der Aufrichte-Impuls gab die Orientierung in die Vertikale. Das Aufrichte-Erlebnis wird nun gestaltbestimmend. Der Stammrumpf streckt sich in die Länge. Rhythmisches Pendeln und Schwingen, rhythmisches Strömen, rhythmische Wiederholung gliedern diesen «Rumpf» der menschlichen Gestalt. Drei unterschiedliche Darstellungselemente und Erlebensbereiche veranschaulicht das Kind in seiner Zeichnung des Rumpfes.

Die folgende Zeichnung entsteht, indem das Kind seine innere Aufmerksamkeit dem wäßrigen Prozeß zuwendet. Eine Metamorphose tritt ein. Das anfänglich Pendelnd-Strömende des «Stammes» umspielt nun wirbelig die Achse, das Säftezirkulieren, das Fließende der mit der Atmung leicht pulsierenden Wassersäule des Rückenmark-Kanals scheint hier gestaltbestimmend zu sein.

Rumpf

Mädchen
3 Jahre 3 Monate

Ein anderer Aspekt: Diesmal wird die Achse nicht von fließenden Bewegungen umgeben, sondern es führen von ihr aus nach rechts und links astartige Strukturen. In dieser Phase der kindlichen Zeichnung löst sich die Darstellung des Baumes endgültig von der des Menschen. Die Äste des Baumes greifend schwingend in den Raum, sie werden an ihren Enden mit Blattwerk versehen.

Mädchen
3 Jahre 4 Monate

Junge
3 Jahre 10 Monate

Eine völlig andere Entwicklung können wir bei folgenden Zeichnungen beobachten. Hier wird die Symmetrieachse durchkreuzt. Die Orientierung in die Aufrechte verlangt eine statische Verstrebung. Das ursprünglich Strömende verhärtet und bildet ein skelettartiges Gerüst. So entsteht die «Leiter». Rhythmische Untergliederung zeichnet sie aus. Die Säule der Wirbel gliedert sich, die Rippenbögen umspannen den Brustraum. Der Brustkorb formt sich zeichnerisch. Das Motiv der Leiter kennen alle Eltern, es taucht in jedem Zeichenbuch auf und beherrscht oftmals längere Zeit die Aussage des Kindes. Bei den Darstellungen des Hauses werden wir der Leiter erneut begegnen.

Junge
4 Jahre 5 Monate

Junge
3 Jahre 7 Monate

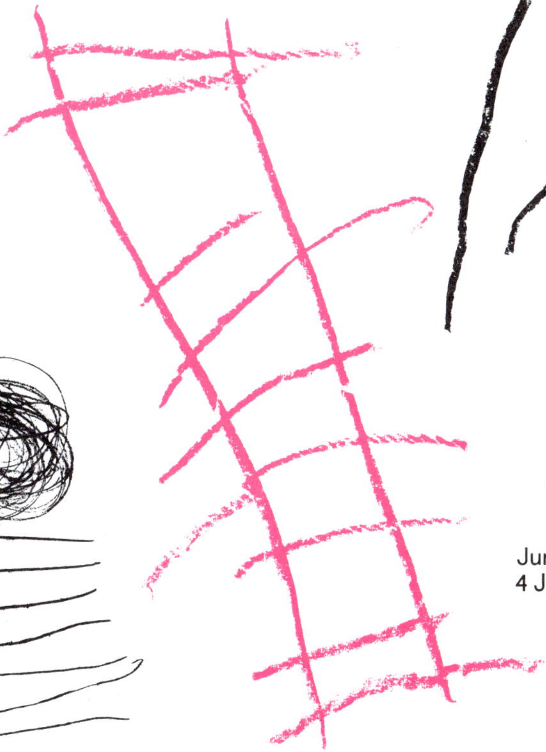

Mädchen
3 Jahre 6 Monate

An den Rumpf, auf den sich längere Zeit die Aufmerksamkeit konzentriert, fügen sich Arme und Beine an. Im Gegensatz zu der statischen Fixierung der unteren Gliedmaßen sind die Arme von Anfang an freier beweglich. Ihre zeichnerische Charakterisierung beginnt in der mittleren Phase und eilt der der Beine und Füße voraus. Die «Arme» wachsen ins Überdimensionale und nehmen den Kontakt zur Umwelt auf. Sie sind wie Wahrnehmungsorgane gebildet, ihr Bereich erstreckt sich weit über die eigene Gestalt hinaus. Die Hände, an den Enden strahlig versprühend oder mit einem wirbeligen Abschluß versehen, unterstreichen noch diese große Lebendigkeit.

Gliedmaßen

Mädchen
3 Jahre 4 Monate

Mädchen
3 Jahre 6 Monate

Junge 5 Jahre
«Soldaten»

Die Darstellung der Füße benötigt die längste Zeit. Ganz im Gegensatz zu den gliedmaßenhaften Fühlern der Arme und Hände setzt deren Gestaltung mit einem Sichzusammenballen und Verdichten ein. Ein Kräfteschub, der zunächst ganz willenshaft und ungebändigt ist, baut sich mit eruptiver Gewalt in die Gestalt hinein. Er scheint seinen Ansatz außerhalb der menschlichen Gestalt zu haben. Oftmals ist dieser Impuls so stark, daß für die Gestaltung des Kopfes und des Rumpfes auf dem Blatt kaum mehr Platz bleibt. Diese willenshafte Intensität ist dieselbe, die aus der schwarzen Schicht der frühen Kritzelzeichnung spricht (Seite 32), oder wie sie die Füße des Pferdes (Seite 68) zeigen. Aus diesen Kraftschüben entstehen die Ständer, auf denen Menschen, «Soldaten» marschieren (Seite 45), oder der klotzig hingesetzte, säulenhafte Unterbau der Gestalt auf der folgenden Seite.

Mädchen
4 Jahre 4 Monate

Zwei unterschiedliche Erlebnisbereiche scheinen die Gestaltung der oberen und unteren Gliedmaßen zeichnerisch zu beeinflußen. Die Gelöstheit und Lebendigkeit der Arme und Hände steht meist im Widerspruch zu der kräftigen Charakterisierung der Beine und Füße. Nach der Darstellung des Kindes scheint der Mensch nie als Vierfüßler konzipiert zu sein.

Junge
5 Jahre 6 Monate

In der frühesten Kindheit, noch im Körbchen liegend, «entdeckt» das Kind seine Händchen. Das Spiel mit den eigenen Händen ist eines der ersten. Gegen das vierte Jahr beginnt es, Hände zu zeichnen. Doch die Darstellung führt uns vor Augen, daß es keine Ahnung zu haben scheint, wieviele Finger die Hand hat. Nur manchmal will es der Zufall, daß die Anzahl der Finger stimmt. Außerdem scheint es dem Kinde gar nicht auf die «Richtigkeit» anzukommen, es interessiert sich auf dieser Entwicklungsstufe noch nicht für ein naturalistisches Abbilden. Vielmehr zeichnet es die Dinge auf, wie es sie — wörtlich — er-lebt. Der innere Lebensprozeß, und nicht die äußere Form, wirkt bestimmend. So ist der Junge, der seine Menschengestalt auf den mächtigen Säulenunterbau stellt, keineswegs ein kräftiges, sondern ein zartes, feingliedriges Kind (Seite 46).

Wie wir sahen, ist der erste zeichnerische Entwurf der menschlichen Gestalt um das dritte Jahr abgeschlossen. Aus einem kosmisch-embryonalen Schwebezustand manifestiert sich die Gestalt. Es entsteht der Säulen-Mensch. Er steht auf der Erde. Die Gliederung der Gestalt, die Differenzierung der Gliedmaßen schließt sich an. Damit kommt jetzt zu der räumlichen Orientierung des Oben und Unten, die Bewegungsrichtung Rechts-Links hinzu. Die Darstellung des Menschen schildert einen Prozeß, der sich von oben nach unten vollzieht. Die Formung beginnt beim Kopf. Die Differenzierung und Strukturierung des Rumpfes folgt, und zuletzt gliedern sich die Arme und Beine an. Bei der Durchgestaltung des kindlichen Körpers bis zum ersten Gestaltwandel beobachten wir dieselbe Reihenfolge: Vom Säugling bis zur Schulreife hat es von seinem Leib schrittweise Besitz ergriffen (siehe menschenkundliche Anmerkungen).

Wenn der «Baum-Mensch» entsteht, ist das Kind in einer Phase seiner Entwicklung, die seiner Erinnerung verschlossen bleibt. Erst das Ausarbeiten der Gliedmaßen reicht in die Zeit der Erinnerungsbilder hinein. Das kindliche Bewußtsein tritt jetzt aus einem «Traumzustand» hervor und wendet sich im Laufe seiner Entwicklung aktiv der Umwelt zu. Die zeichnerische Entwicklung des Menschenbildes zeigt diese Etappen auf. Es wird uns ein Weg geschildert, der von einem schlafend-unbewußten Erspüren von Bildekräften bis zum wachen Erfassen und anfänglichen Wiedergeben der Menschen und seiner Umwelt führt.

Schildert uns der Evangelist Markus einen ähnlichen Prozeß in der Beschreibung der Heilung des Blinden? Durchläuft der Blinde, während er sehend wird, ähnliche Etappen? Handelt es sich bei dieser Schilderung genau wie bei den Aufzeichnungen des Kindes, um ein verwandtes Erleben, um einen komprimiert sich vollziehenden Bewußtseinsprozeß?

Junge
2 Jahre 7 Monate
«Kind im Himmel»

Der Mensch und das Haus

Das Haus als Umhüllung

Mädchen, 3 Jahre

«Kind im Himmel» benennt Rainer die Zeichnung (Seite 48). Den kleinen Baummenschen, das «Kind», kennen wir bereits, er ist umschlossen, von einer kreisenden Bewegung, dem «Himmel».

Auch die nebenstehende Zeichnung schildert einen kosmischen Zustand.

Diesmal steht nicht der Baummensch im Mittelpunkt. Erinnern diese «Menschlein» mit Kopf und Gliedmaßen an den Embryonalzustand? Diese Blätter bestätigen Grözingers Vermutung, daß sich bereits im Urknäuel ein unbewußtes Nacherleben des Embryonalzustandes des Menschen ausspreche: «Ein Wesen . . . das noch vor zwei Jahren im Mutterleibe war, umspült von Feuchte, wie der Fisch im Meere . . .». Also eine Art «Erinnerung» an einen vorgeburtlichen Zustand, aber weiter über diesen hinaus, ein Erspüren von Kräften, die das Kind dieses Alters einhüllen und prägen. Rudolf Steiner schildert, daß der Mensch in seiner Entwicklung nach der leiblichen Geburt noch weitere «Geburten» durchmacht: «Wie der Mensch bis zu seinem Geburtszeitpunkt von einer physischen Mutterhülle, so ist er bis zur Zeit des Zahnwechsels, also etwa bis zum siebenten Jahre, von einer Ätherhülle . . . umgeben.» In diesen Zeichnungen tritt nicht nur der leibliche Embryonalzustand, sondern auch die Wahrnehmung dieser «Ätherhülle» bildhaft hervor (siehe menschenkundliche Anmerkungen).

Das Urknäuel ist bereits «Haus» und wird vom Kind als Hülle, als Zustand des Geborgenseins aufgezeichnet. So verstehen wir auch, daß viele Kinder immer wieder in ihrer Zeichnung auf den Wirbelball zurückgreifen, selbst in einem Alter, in dem sie längst dieser frühen Gestaltungsphase entwachsen sind. Gehört nicht vielleicht noch die Gewohnheit von uns Erwachsenen hierher, sich vor dem Einschlafen zu einer «Kugel» zusammenzurollen? Indem wir die Knie anwinkeln und nahe an uns heranziehen, kommen wir der embryonalen Haltung nahe. In der Geborgenheit der Kugelform suchen wir den Schlaf.

Das Haus als Abschließung

Junge
3 Jahre 7 Monate

Das Haus als Abschließung läßt ein anderes Verhältnis zur Welt sichtbar werden. Die zunehmende Selbständigkeit der Kindesseele zeichnet sich in einer neuen Hausform ab. Die unmittelbare Einheit zwischen dem Kind und seiner Umwelt geht in seinem Erleben immer mehr verloren. Das kosmische Kugelhaus wird durch eine Form abgelöst, die auf dem unteren Blattrand aufsetzt. Der Innenraum beginnt, das ganze Blatt auszufüllen. Wir sehen, wie die Familie – Vater, Mutter und die Geschwister – das Haus bewohnen.

Auf der Abbildung S. 51 finden wir nicht nur Vater und Mutter im Haus, auch zwei Kreise haben hier Wohnung bezogen. Alle Einwohner dieses Hauses sind uns bekannt. Wir verfolgten ja nicht nur das Entstehen des Baum-Menschen, sondern auch das des Kreises mit Mittelpunkt (Abschnitt Bauelemente). Wird dieses Haus nun von vier Personen bewohnt, oder sind die Leute von zwei verschiedenen Aspekten aus illustriert – einmal vom Leiblichen und zum anderen mehr vom Seelisch-Geistigen? Wie dem auch sei, die Zusammenfügung der abstrakt-zeichenhaften Darstellung mit der figürlich-illustrativen deutet auf die Gleichzeitigkeit im unbewußten Erleben verschiedener Bereiche.

Noch bewahren diese Häuser in ihrer Form einen Teil der sphärischen Rundung, der «Bienenkorb», das klassische Urhaus liegt ihrer Bauweise zugrunde. Doch es setzt erneut ein Prozeß ein, in dem das Kind die Distanz zwischen sich und seiner Umwelt zu empfinden und wahrzunehmen beginnt. Das hat zur Folge, daß nun eine Hausform entsteht, in der das Quadrat oder Rechteck überwiegt. Dieses Haus ist kastenförmig, die Seitenwände schließen sich dicht an die Gestalten an, und es kann eine bedrückende Enge entstehen. Das Kind zieht aus der kosmisch gerundeten Behausung in das irdische Haus des Kubus ein (Seite 52). Die Verengung in der Wahrnehmung des kosmischen Bereiches durch die Selbstfindung – der Prozeß der Ichwerdung – ähnelt einer seelischen Einkapselung. Der hieraus entstehenden Hausform liegt der rechte Winkel zugrunde.

Schauen wir uns das Spiel der etwa Vierjährigen an. Welche Eltern kennen nicht die beliebte Tätigkeit ihrer Kinder, sich aus Stühlen, Tisch und Tüchern ein Haus zu bauen, in das man sich verkriechen kann? Ein Spiel, in dem man die Welt, die man empfindet, um sich herum erbaut.

Mädchen
4 Jahre 1 Monat

Mädchen
4 Jahre 1 Monat

Die enge Verbindung in den ersten drei Jahren mit der für uns Erwachsenen nicht sichtbaren Welt lockert sich. Die neue Beziehung zur Umwelt läßt Fragen auftauchen, die die Eltern zuweilen in Gewissensnöte bringen können. Die alte «heile Welt», das Wissen um die göttliche Allmacht, wird in Frage gestellt. Reiners Ausspruch vom «Tor, das zugeschlossen ist und niemand mehr herein darf — und Männer, die zweifeln, und die Sonne strahlt...» gehört in diese Entwicklungsphase, aber auch Davids «traurige Geschichte»: «Als der Gott erwachte, da war er traurig, weil er zu schwach war, den Teufel totzuschlagen. Da hat ihm ein Engel geholfen und hat den Teufel totgeschlagen — deswegen war der Gott aber traurig, weil er zu schwach war...». Oder das Problem: «Mama, kommt das vor, daß der Gott-Vater einen Engel macht, und der wird nix, der wird nicht schön genug — und was macht er dann mit dem? Schickt er den fort, oder was macht er mit dem?»

In dem Maße, in dem das Kind immer genauer seinen Lebenskreis wahrnimmt, beginnt es gleichzeitig den Abstand zwischen sich selbst und seiner Umwelt zu registrieren. Seine Fragen werden realistisch: «Mama, wie groß sind die Babys, wenn sie der Gott-Vater in der Mutter ihren Bauch tut?», oder «Mama, kriegt das Baby im Bauch auch einen Geschmack, wenn die Mutter Grießbrei ißt?»

Das verwandelte Lebensinteresse des Kindes wirkt nun auch bestimmend auf die Zeichnung. Die Aufmerksamkeit für Funktionelles erwacht. Das Haus bekommt jetzt eine Tür — natürlich mit Klinke, sie ist der «Tür-Auf-und-Zumacher» und wird nie vergessen. Wie sollte man sonst die Tür öffnen, um hinaus- und hineinzugehen? Bisher lebte das Kind selbst völlig in der Tätigkeit. Es war eins mit dem Tun. Nun kommt es in die Lage, Aktivitäten innerhalb seiner Umgebung wahrzunehmen. So charakterisiert Georg (viereinhalb Jahre) die Familienmitglieder folgendermaßen: «Der Papa, das ist der Schaffer, der Großpapa, das ist der Zigarrer, und die Großmama, das ist die Zuguckerin.»

Mädchen
4 Jahre 2 Monate

In der Hausdarstellung entstehen nun neben der Tür auch Fenster. Es weitet sich der Blick nach draußen. Drinnen beginnt man, sich «häuslich» einzurichten, der Schlot raucht, es ist gemütlich warm, und die Gestalt räkelt sich wohlig auf dem Lager. Das neugewonnene Milieu wird ausgeschmückt. Wir werden in den Raum hineingezogen, sehen Fenster, Läden und Vorhänge und vielleicht sogar ein Bild an der Wand.

Bei dem oben geschilderten Aspekt des Hauses bleibt das Kind aber nicht stehen. Die Mauer wird durchbrochen, jetzt ist man nicht nur im Hause, sondern man steht gleichzeitig auch dem Haus gegenüber. Die Fassade erscheint. Tür und Fenster und – völlig neu – durch das Fenter schaut einer heraus (Seite 54).

Junge
4 Jahre 7 Monate

Mädchen
4 Jahre 6 Monate

Zwei Stadien liegen hinter dem Kind: Es war im Haus eingeschlossen, es hat sich darin wohnlich eingerichtet, und ohne diese beiden Stadien zu verleugnen, tut es nun einen dritten Schritt: es vermag das Haus und den herausschauenden Menschen von außen zu betrachten. Fragen, wie die folgenden, erwachsen aus dieser neuen Situation. So Nele, die kleine Berlinerin: «Mami, wie hat Gott die Augen gemacht? Ich will genau wissen, wie er es gemacht hat, daß die Augen sich im Kopf herumdrehen können — siehst du, so . . . Ich will genau wissen, Mami, wie er die Haare gemacht hat, daß sie so aus dem Kopf herauswachsen — siehst du, so . . . Und die Sonne, sag, Mami, wie hat er die Sonne gemacht?» . . . Die Mutter: «Da hat er einen großen, leuchtenden Ball gemacht und ihn an den Himmel gesetzt.» »Nee, Mami, die Sonne is die Sonne und keen Ball — der wäre ja auch wieder runter jefallen . . .»

Neben dem immer stärkeren Einbeziehen von Vorstellungsinhalten in die Zeichnung, begegnen wir noch einer weiteren Hausdarstellung. Das Motiv der Leiter haben wir auf der Stufe kennengelernt, auf der sich die menschliche Gestalt in die Aufrechte orientiert. Sie tritt dann auf, wenn sich ursprünglich Fließendes zu verhärten beginnt (Seite 43). Die Vertikale, durchkreuzt von der Horizontalen, demonstriert das Stehen im Raume. Der Leiter liegt die Statik des sich Kreuzenden als Bauelement zugrunde. Verdichtet sich dieses Element immer mehr und mehr, so entsteht das Gitter. Aus dem Zeichen der Leiter und des Gitters entsteht der «Turm». Im Motiv des Turmes wird das eigene Skelett zum Haus.

Das Skelett als Haus

Wie hineingebannt ist die menschliche Gestalt in diese Statik, sie wird nun selber Architektur. Selbst der Kopf ist ganz diesem Prinzip eingegliedert, und die Augen schauen nicht offen in die Welt, sie

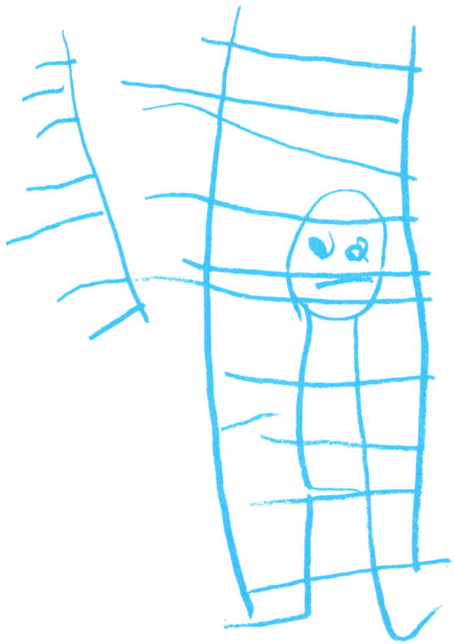

Junge
5 Jahre 2 Monate

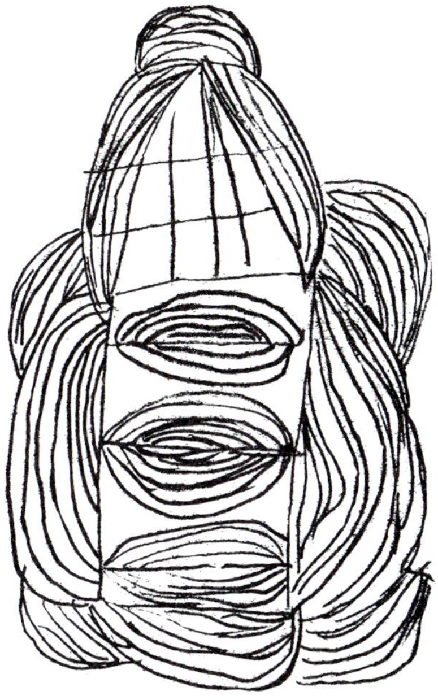

Junge
5 Jahre 6 Monate

sind zu Luken in diesem Turm geworden. Wer wird nicht an bekannte Märchenmotive erinnert? Ist nicht z. B. Rapunzel in solch einen Turm verbannt und wartet auf den Königssohn, der sie aus diesem Gefängnis erlösen kann?*

In unmittelbarem Zusammenhang mit der «Einhausung» der Individualität steht das Angstphänomen. Dem kleinen Kinde macht es nichts aus, wenn man es abends alleine läßt – nun, da es «älter und vernünftiger» wird, schreit es nachts auf und ruft nach der Mutter. Es bettelt, die Eltern sollen abends die Tür offen und das Licht im Nebenzimmer brennen lassen. Die Angst hat ihren Ursprung im Innern des Menschen. Nicht der Hund auf der Straße oder sonst eine Drohung von außen erzeugt sie primär. Angst stellt sich ein, wenn die fraglose Einbezogenheit in die Umwelt verloren geht, wenn das Gehäuse des eigenen Leibes Schritt für Schritt bezogen wird, wenn es immer dichter und fester wird. Turm und Gitter veranschaulichen solche Schritte. Dieser Prozeß ist wie ein Einatmen. Wir drohen zu ersticken, zu verkrampfen, wenn wir nicht wieder ausatmen dürfen.

Die Zeichnung von Klaus (links) läßt uns diese Situation eindrücklich sichtbar werden.

Sie findet ihre Ergänzung im Pendelschlag in die entgegengesetzte Richtung: Peter (rechts) legt seiner Zeichnung auch die Statik der Leiter zugrunde, aber um ihre Sprossen beginnt sich Leben zu rühren. Wie Jahresringe eines Baumes entfalten sich halbkreisförmige Schwünge. Nun wächst und wächst es in rhythmischer Wiederholung. Ein erneutes Eintauchen in Lebensprozesse läßt das Gebilde sich unendlich ausdehnen.

* Vergl. die märchenkundlichen Darstellungen von Rudolf Meyer, Friedel Lenz und Rudolf Geiger.

Rhythmus bestimmt diese Entwicklungsstufe. Nun darf sich, was eng geworden, wieder erweitern, was erstarrt ist, lösen. Schwingende Atmungsformen beleben und dehnen die Starre, sie umspielen das statische Gerüst. Die Extreme — wir finden es auch im Spielen: Sich-Verkriechen im selbstgebauten Haus oder beseligend schwebendes Schaukeln und Wippen — kostet das Kind in dieser Phase voll aus (siehe menschenkundliche Anmerkungen).

An keinem anderen Motiv wie dem des Hauses kann man die Vielschichtigkeit im Erleben des menschlichen Inkarnationsprozesses so deutlich ablesen. Der Einhausungsprozeß führt einerseits zur Abkapselung. Nun ist man ganz auf sich gestellt. Andererseits: man hat das Gehäuse bezogen, öffnet sich von innen das Fenster zur Umwelt. Die kindliche Zeichnung macht hier einen Weg sichtbar, der über Höhen und Tiefen, Freud und Leid, Glück und Bedrängnis führt.

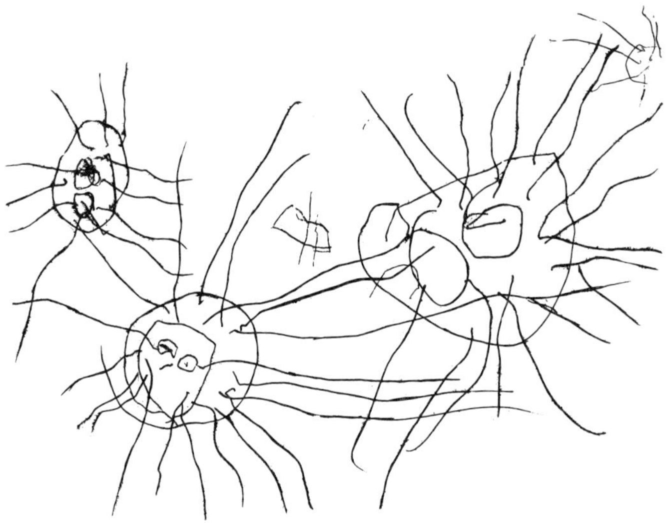

Mädchen, 4 Jahre

Junge, 4 Jahre

Junge
3 Jahre 9 Monate

Kopffüßler — Kopfgliedler

Mädchen
4 Jahre 4 Monate

Der Vielfalt der kindlichen Ausdrucksformen nach dem vierten Jahr gesellt sich noch eine weitere Form der menschlichen Gestalt hinzu. Das Kind greift hier das Bild des Menschen völlig neu. Es entsteht der «Kopffüßler» oder «Kopfgliedler». Sie genießen bei den erwachsenen Betrachtern eine große Popularität. Für viele repräsentieren sie in ihrer einprägsamen, humoristischen Darstellung die frühkindliche Zeichensprache. Im Laufe der kindlichen Entwicklung erscheinen sie verhältnismäßig spät. Mit Vorliebe tritt der Kopffüßler und Kopfgliedler im Kollektiv auf und füllt ganze Seiten der Zeichenbücher.

Wir fragen uns: Warum sucht das Kind in diesem Alter nach einer neuen Form des Menschen in seiner Zeichnung? Hat es nicht um diese Zeit bereits zu einer überzeugenden Darstellung der menschlichen Gestalt — dem Baum-Menschen — gefunden? Wo liegt der Schlüssel zum Verständnis dieses Phänomens? Erschließt uns das Kind in seiner Darstellung des Menschen als Kopffüßler und Kopfgliedler einen neuen Bereich seines Erlebens? Das Formenzeichen-Vokabular hilft zum Verstehen. Der Kreis entstand als erste in sich geschlossene Form. Sein Entstehen beherrscht die frühe Phase des Zeichnens. Mit dem dritten Jahr ist er zum Zeichen geworden. Eine Formentwicklung hat damit ihren Abschluß gefunden. Der Kreis wurde zur Formel für «Kopf» (dem bisweilen die menschliche Physiognomie eingegliedert wird), zum Zeichen für «Ich» und bestimmt die früheste Form des «Hauses».

Erst nachdem das Kind im Kreis mit Mittelpunkt seinen ersten Schritt der Selbstfindung aufzeichnet, wenn als weiterer Schritt Kontakt zur Umwelt gesucht wird, entsteht in der Zeichnung der Kopffüßler und Kopfgliedler. Die Menschengestalt wird ganz «Kopf», ganz Kugel. All die «Sonnen» mit ihren Strahlen — ob sie ein Gesicht haben oder nicht — sind die illustrative Anwendung des abstrakten Zeichens Kreis, von dessen Zentrum Strukturen nach außen führen.

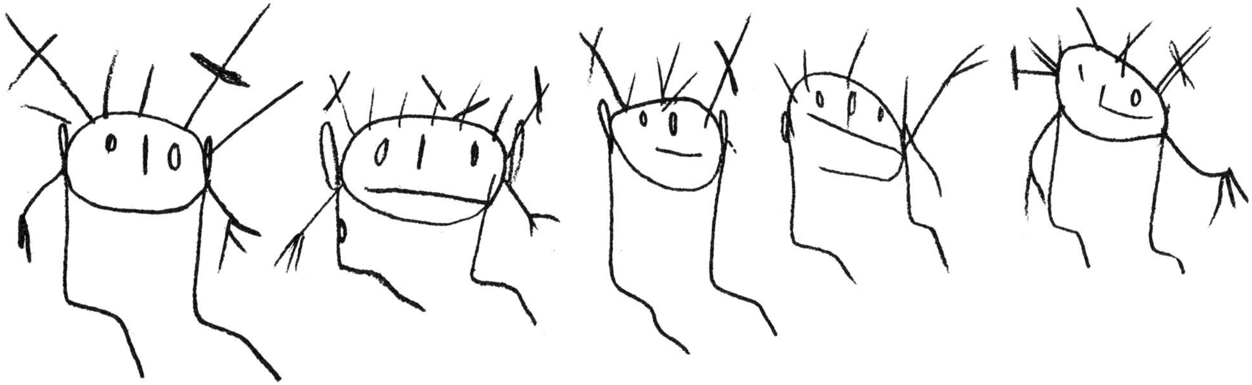

Junge
4 Jahre 2 Monate

Lersch* hilft uns mit seiner Feststellung, daß der Mensch in seiner frühen Entwicklungsphase einer geschlossenen, sensiblen Kugel vergleichbar ist, «auf deren Peripherie die Reize der Welt auftreffen . . .». Im Kinde antwortet etwas auf diese Reize und streckt ihnen gliedmaßenhafte «Taster» entgegen.

In einer besonders eindrücklichen Weise spiegelt der Kopffüßler und Kopfgliedler die Entwicklung und Tätigkeit der Sinne wieder. Wir können ahnen, daß diese Antennen Vermittler für subtilste Wahrnehmungen sind.

Auch der Baum-Mensch der frühen Phase hatte bereits «Füße» (Seite 38 und 39). Sie wurden gezeichnet, als sich die Gestalt in die Aufrechte orientiert hatte. Diese ersten Füße entstammen einem inneren Ertasten dieser neugefundenen Richtung. Der Kopffüßler unterscheidet sich vom Kopfgliedler dadurch, daß er mehr zu ertasten scheint, was mit dem eigenen Leibe zu tun hat. Die strahligen «Glieder» des Kopfgliedlers gehören einem Sinnesbereich an, der Wahrnehmungen registriert, die außerhalb seines Leibes sind. Die «Tastfransen» müssen wir als Organe sehen, die vornehmlich schmecken und sehen, die schnuppernd und horchend die Welt wahrzunehmen beginnen.

Sonnengeflecht

Ähnliche Bauelemente, wie sie der Darstellung des Kopffüßlers und des Kopfgliedlers zugrunde liegen, finden wir noch an anderer Stelle. Bei den Darstellungen des Kopffüßlers und Kopfgliedlers tasten die Strukturen über die Kreisperipherie hinaus. Bei den Zeichnungen Seite 30 oben bildet die Kreislinie die Grenze. Die Kraftlinien bleiben innerhalb des Kreises. Es entsteht ein «Sonnenrad», ein «Steuerrad». Die menschliche Gestalt hat solch ein Zeichen in der Nabelgegend. David interpretiert diese Formen, er sagt: «Mama, alle Leut' haben da ihr Steuerrad (er umschreibt mit einer Bewegung die Nabelgegend). Mein Steuerrad ist größer als deins, und wenn's immer größer und größer wird und nimmer reinpaßt, dann stirbt man . . .» Wir müssen dieses Zeichen als Markierung des Sonnengeflechtes, einem wesentlichen Anteil des vegetativen Nervensystems sehen (siehe menschenkundliche Anmerkungen).

* Philipp Lersch, zitiert nach Wolfgang Grözinger.

Mädchen,
5 Jahre

Mädchen, 5 Jahre

II. VON DER LINIE ZUR FLÄCHE

Farbe als Mittel des seelischen Ausdrucks

«Farbe ist Seele der Natur und des ganzen Kosmos, und wir nehmen Anteil an dieser Seele, indem wir das Farbige miterleben.»

Rudolf Steiner

In der mittleren Phase der zeichnerischen Entwicklung gesellt sich die Farbe als neues Ausdrucksmittel den linearen Spuren bei. Die Linie hört auf, alleine adäquater Ausdruck zu sein. Mit der Welt der Farbe tut sich ein neuer Erlebensbereich auf.

Barbara (3 Jahre 9 Monate) demonstriert uns den Übergang von der linearen zur flächigen Gestaltung im Farbigen (Seite 62). Versuchen wir, den Schritt mitnachzuvollziehen: Eine von einer starken Dynamik getriebene Bewegung hinterläßt ihre bizarre Spur. Plötzlich scheint diese in eine andere Dimension gehoben zu werden – sie beginnt sich auf der Fläche aufzufächern.

David (3 Jahre 8 Monate) hat seinen Pinsel in Farbe getaucht und ruft: «Mama, schau, jetzt hab' ich grad' mit dem Pinsel gesungen». Cäcilia (4 Jahre 1 Monat) wählt sorgsam einige Stifte aus ihrer Farbenschachtel und während sie zeichnet, erzählt sie: «Da muß viel gelb und rosa hinein, damit es sich recht freut, weil Papi kommt». Oder ein anderes Mal: «Mach alles dunkel, Mama ist immer noch im Krankenhaus».

Drei kindliche Aussprüche zur gleichen Tätigkeit. Aus Davids beglücktem Ruf hören wir unmittelbar die Beschwingtheit, die «Melodie» des Bewegungsablaufes, die er soeben mit dem Pinsel vollführt hat. Auf seinem Blatt entsteht eine rhythmisch-lineare Komposition. Anders bei Cäcilia. Bei ihr beginnen sich die Farben gelb und rosa — oder die Dunkelheit flächenhaft auszubreiten. Spiegelt sich in Davids Zeichnung die Rhythmik eines Bewegungsablaufes wider, so liegt Cäcilias Komposition die Empfindung freudiger Erwartung — weil der Vater kommt — oder schmerzlichen Entbehrens — die Mutter liegt immer noch im Krankenhaus — zugrunde. Sie wählt die Farbe entsprechend ihren Empfindungen aus. So wird diese zum Medium eines seelischen Ausdrucks. Die Schaffensfreude, die David und Cäcilia beflügelt, entspringt verschiedenen Quellen, dem Rhythmisch-Bewegungsmäßigen und dem Seelischen.

Vor dem dritten Jahr benützte das Kind die Farbe, um die Spuren der Linien gut sichtbar werden zu lassen. Die Freude des immerwährenden Wiederholens der Bewegung drängte es dazu, immer neue Stifte zu wählen. So löste der dunkle den helleren ab, wobei sich das Kind in erster Linie für den Vorgang des Sich-Verdichtens der Bewegungsspuren interessierte (frühe Phase). Gegen das vierte Jahr, also in der mittleren Schaffensperiode, tritt ein neues Element in Erscheinung. Angerührt vom Wesen der Farbe wird die kindliche Seele zum Schöpfer. Mit der Welt der Empfindungen zieht die Welt der Farbe in die Zeichnung ein.

Kinderkrankheiten können eine entscheidende Rolle spielen, nicht selten öffnen sie das Tor zum Reich der Farbe. Die Bilder entstehen immer ausschließlicher aus Farbflächen. Die Kreise, Bänder, Leitern, Rechtecke und Quadrate werden zu Farbenteppichen verwoben (Seite 63).

Schon früh reagiert das Kind mit Sympathie oder Antipathie auf einzelne Farben. Es neigt gewissen Farben zu oder lehnt sie ab. Bevor das Kind die Farbe verwendet, um mit ihr Gegenstände abzubilden, begegnen wir dieser als einer elementaren Kraft, einem Medium, mit dem es freischöpferisch umgeht. Es wählt die Farbe nach ihrer seelischen

Mädchen
3 Jahre 9 Monate

Junge
4 Jahre 2 Monate

Qualität und findet so zu einer eigenen Farbensymbolik. So setzt es unbewußt warme Töne neben kalte, heitere gegen traurige, aggressive gegen passive. Jedes Material, das sich ihm bietet, ist ihm willkommen. Sein Aussagebedürfnis ist so groß, daß es sogar in der Lage ist, mit einem ungeeigneten Stift in sich differenzierte Farbflächen entstehen zu lassen. Die Kompositionen (z. B. Seite 60, 65 und 67) sind klingende und tönende Farbenschöpfungen. Sie setzten sich aus einzelnen Farbintervallen zusammen. Gegen das fünfte Jahr liegt der Höhepunkt dieses Gestaltens. Nun zieht das Kind alle Register des farbig Tönenden. Es erhebt sich ein brausendes Farbenspiel. Die einzelnen Farben begegnen sich und überdecken einander. Es entstehen auf dem Papier neue Klänge, auf die das Kind empfindsam reagiert. Ein lebendiger Dialog entwickelt sich. Je subtiler das Erleben ist, um so differenzierter zeigt dies die Palette an. Würden wir manchem dieser Bilder in einer Kunstausstellung moderner Malereien begegnen, wir würden interessiert im Katalog den Namen des Künstlers aufsuchen.

Eine Brücke zum Farberleben sind die Schilderungen von Jacques Lusseyran, der in seinem siebenten Jahr erblindete. Was sich aus seinem Erleben der inneren Erfahrung mit dem Licht und der Farbe bis ins Erwachsenen-Alter hinüberrettete, kann uns den Impuls aus dem heraus das Kind zur Farbe greift, erschließen:

«... in dem Augenblick, in dem ich mein Augenlicht verlor, habe ich in meinem Inneren das Licht

Junge
4 Jahre 3 Monate

unversehrt wiedergefunden. Ich mußte mich nicht daran erinnern, was dieses Licht für meine Augen gewesen war, nicht die Erinnerung daran wachhalten: es war da in meinem Geist und in meinem Körper. Es war dort in seiner Ganzheit eingeprägt. Das Licht war da, begleitet von allen sichtbaren Formen, Farben und Linien, ausgestattet mit derselben Kraft, die es in der Welt der Augen hat . . . Ich wiederhole, die Erfahrung, die mir zuteil geworden ist, war nicht die der Erinnerung. Dieses Licht, das ich ohne meine Augen weiterhin sah, war dasselbe, wie zuvor. Aber mein Standort dem

Mädchen
4 Jahre 5 Monate

Licht gegenüber hatte sich geändert: ich war seinem Ursprung nähergekommen . . ., wenn ich traurig war, wenn ich Angst hatte, wurden alle Schattierungen dunkel und alle Formen undeutlich. Wenn ich jedoch freudig und aufmerksam war, hellten sich alle Bilder auf. Groll, Gewissenszweifel versetzten alles in Dunkelheit, eine mutige Entscheidung schickte einen hellen Lichtstrahl. Nach und nach lernte ich verstehen, daß Lieben sehen bedeutet und daß Hassen Blindheit, Nacht war . . .»
Jacques Lusseyran zeigt uns, wie die Farbe ein Vermittler für seelisches Erleben ist, aber auch

Andreas (fünfjährig) spricht uns seine Beziehung zu ihr außerordentlich deutlich aus, wenn er seiner Mutter zuruft: «Sing' lieber fröhlich, das ist so schön rot», oder: «Das Weiß ist so eine steife Farbe — so irgendwie steif — stechen ist auch so weiß» . . . «Es hat so weh getan, so gelblich weh mit schwarzen Zacken». Mit welcher Unmittelbarkeit wird hier das Seelische zum farbigen Erlebnis!

Die Feststellung, daß Affen zu den begabten Malern gehören, mag vielleicht schockieren. An Experimenten mit Schimpansen und Gorillas zeigt Morris, wie diese Tiere sich freudig ans Malen begeben und über ein hochentwickeltes Farbempfinden verfügen. Zu einer bewußten formalen Gestaltung findet der Affe allerdings nicht, obwohl ihm ein differenzierter Farbauftrag gelingt. Ihm fehlt, was das Kind zur Wirksamkeit bringt, der Griff der gestaltenden Kraft, die sich selbst vom Wogen des Seelischen distanziert, empfinden kann. Als Graphiker zeigt der Affe ebenfalls Begabung. Seine dynamischen Schwünge könnten sich neben kindlichen Kompositionen sehen lassen. So manches Blatt aus «Affen-Hand» hat in den letzten Jahren bei Auktionen hohe Preise erzielt. Warum sollte das hochentwickelte Tier nicht das Element der Bewegung, in dem es so stark lebt, das Schaukeln und Springen, zu einer lebendig-dynamischen Strichführung befähigen? Freilich, dort wo beim Kinde die Führung der Bewegung einsetzt, wo sich die entscheidenden Einschläge in seiner Zeichnung manifestieren, ist das Tier außerstande, diesen Schritt zu vollziehen. So bringt der Affe auch die Ich-Formen, Kreuzung und Kreis, nicht zustande.

Junge, 5 Jahre

Junge
6 Jahre 5 Monate

III. VOM ZEICHEN ZUM ABBILD

Gegenständlich-illustrative Kompositionen

Die ersten Zeichnungen des Kindes folgen einem kosmischen Schwingen, das kein Außen und Innen kennt. Sie spiegeln einen Zustand, in dem es sich selber befindet. Um das dritte Jahr drückt sich ein erstes Selbständigwerden im absichtsvollen Ziehen von Kreis und Geraden aus. Die Bildeprozesse, die am kindlichen Organismus arbeiten, werden von ihm unbewußt empfunden. Sie werden zur zeichnerischen Formel. Seelische Vorgänge finden ihren Ausdruck im farbigen Bereich. Gegen das fünfte Jahr richtet sich der Blick des Kindes mit neuer Distanziertheit auf die Dinge seiner Umgebung. Sie gewinnen an Kontur und finden einen festen Platz. Die Gegebenheiten des Alltags werden beobachtet und wiedergegeben. Die Welt der eigenen Lebensprozesse und Funktionen tritt erlebnismäßig in den Hintergrund. Der Wahrnehmungsbereich verlagert sich. Die Blickrichtung wendet sich nach außen.

Hineinversponnen in die Zeichnung des Kindes ist die Phantasie. Sie macht die enge Verbindung der Gedächtniskräfte mit dem eigenen Erleben sichtbar. Die Phantasie wird nach dem dritten Jahr geboren und schmückt nun alles aus. Bisher begegneten wir diesem seelischen Erleben im farbigen

Junge
4 Jahre 7 Monate

Junge, 5 Jahre

Bereich, oder es wurde formelhaft fixiert (Abb. Kreis, Kreuz, Gitter). Jetzt wird seelisches Erleben bildhafte Darstellung. Das Kind «phantasiert», seine Seele «spielt» mit Erlebtem und Erinnertem. Es entsteht ein erzählend-illustratives Element.

Wir begegnen verschiedenen Ebenen des Erlebens: wach Beobachtetes und träumend Erspürtes, Gesehenes und Empfundenes stehen sich oft unmotiviert gegenüber. Die Zeichnungen illustrieren Übergänge und Überschichtungen der unterschiedlichsten Wahrnehmungsbereiche.

Die Blätter von Thommy und Reiner zeigen die Vielschichtigkeit im Erleben: das Pendeln in unterschiedlichen Bewußtseinslagen. Eine waagerechte Linie gliedert Thommys Blatt in einen oberen und in einen unteren Bereich. Diese Ebene ist wie eine Bewußtseinsschwelle. Im oberen Teil der Komposition steht ein Haus. Tür, Fenster, Dach – alles, was an wesentlichen Bestandteilen zu einem Haus gehört, wird angebracht. Unten ist auch eine Hausdarstellung, doch diese stammt unmittelbar aus dem «Leiter-Gitter-Motiv». Zwei Darstellungen des gleichen Themas auf ein und demselben Blatt: oben ist die Hausfassade aus der Vorstellung gezeichnet, unten spiegelt sich das leiblich-seelische Erleben des Kindes wider. Erinnern wir uns an das «Leiter-Gitter-Motiv»: es sprach vom Eingesperrtsein, von der beginnenden Vereinzelung. Neben dieses Gefühl stellt sich die klare Beobachtung und die Erinnerungsfähigkeit. Es entsteht das Haus als Vorstellung.

Reiner zeichnet seinen Geburtstagstisch. Dieser steht, mit einem Leuchter geschmückt, vor der mit Vögeln und Streifen bedruckten Tapete. Doch unvermittelt neben dem Geburtstagstisch, mitten im Zimmer, ist die uralte mythische Darstellung des

Mädchen
4 Jahre 10 Monate

Mädchen
4 Jahre 9 Monate

«Baum-Menschen» eingefügt. So wird auch hier eine alte Formel beibehalten und sinnbildhaft in die Schilderung einer erinnerten Außenwelt eingegliedert.

Eine neue Gebärdensprache wird zeichnerisch ergriffen. Was dem Kinde wichtig erscheint, bestimmt den Schwerpunkt. Claudia schildert die volle Dramatik einer bildhaft erzählten Handlung. Die seelische Gebärde ist hier leiblich geworden* (Abb. oben).

In der Illustration der «Oma, wie sie dem Baby die Flasche gibt» zeichnet sich an den Größenverhältnissen in der Ausgestaltung der einzelnen Figuren deren Wichtigkeit in den Augen des Kindes ab. Die «Oma» ist klein und unscheinbar, das «Baby» dagegen riesengroß (Abb. rechts).

Eugens Zeichnung verdeutlicht die neue Distanz den Dingen gegenüber (Seite 72). Eine Linie gliedert das Blatt in zwei Bereiche. Ein Trennungsstrich wird zwischen der himmlischen Sphäre, in der sich Sonne, Mond und die Sterne befinden, und der Erde gezogen, auf der der Mensch steht. Auf den folgenden Zeichnungen findet sich nun immer die Trennung von Himmel und Erde.

Vor dem fünften Jahr ist das Kind kaum in der Lage, Elemente des Bildes zu gliedern und zu ordnen. Zunächst registriert es die Menge des Wahrgenommenen und trägt diese summarisch auf dem Blatt zusammen. So zeichnet Ingrid (4 Jahre) als Resümee eines Sommeraufenthaltes in der Schweiz kunterbunt auf einer Zeichnung durcheinander: die Familie mit Vater, Mutter und Geschwistern; Sonne, Tiere und Berge.

Alle bisher gezeichneten Gegenstände wurden in aller Selbstverständlichkeit der zweidimensionalen

* aus einer Geschichte: «... und da streckte sie ihre Hand weit aus ...».

Junge
5 Jahre 6 Monate

Beschaffenheit des Papiers untergeordnet. Genau wie die Menschheit Jahrtausende hindurch sich einer unräumlichen Darstellungsweise der Gegenstände bediente, projiziert das Kind seine zeichnerischen Aussagen auf die Fläche. Jetzt, gegen das fünfte Jahr, taucht das Problem der Dreidimensionalität auf. Das Kind beginnt zu experimentieren. Der Frontalansicht des menschlichen Antlitzes wird die Profilansicht hinzugesellt.

Groteske «Pannen» passieren, indem sich neu erworbene Beobachtungselemente mit alten sinnbildhaften Formen vermischen. So kann z. B. ein

im Profil dargestelltes menschliches Gesicht zwei Augen nebeneinander haben — wie eine Flunder — einen anormal großen Mund, der aus der Frontalansicht übernommen, weit über die Kontur der Wange hinausragt und dazu vielleicht noch zwei Ohren, die rechts und links jeweils am Kopf angesetzt sind.* Solange das Kind nur in der Lage war, die Dinge so darzustellen, wie es sie erlebt hat, konnte so etwas nicht passieren. Jetzt, nachdem es beginnt, seinen Zeichnungen Beobachtungen aus der es umgebenden Welt einzugliedern, entstehen diese merkwürdigen Zusammenfügungen. Im Bereich des Farbigen wird ausprobiert, was durch das Mischen der Farben entsteht ... «Was gibt rot und lila zusammen ... was gibt braun und blau ... was gibt braun und grün?

* Siehe Hans Meyers: «Die Welt der kindlichen Bildnerei». Gustav Britsch: «Theorie der bildenden Kunst».

Mädchen
4 Jahre 5 Monate

Mädchen
5 Jahre 10 Monate

Ah, einen Käfer ...» (Cäcilia). Die Farbe wird Gestalt.
Erst die Distanz der Beobachtung löst die Darstellung aus der unmittelbaren Dramatik des mitempfundenen Geschehens heraus und ermöglicht eine Ordnung nach neuen Kriterien. Nun wird das Kind immer mehr fähig, Vorstellungsinhalte seinen Zeichnungen zugrunde zu legen. Zu dem Aufzählen einer Summe von Einzelgegenständen, tritt ein neues Element hinzu. Erst jetzt kann von einer bildnerischen Ordnung des Blattes gesprochen werden. Das Wahrgenommene wird zum schematischen, frei verfügbaren und wiederholbaren Vorstellungsbild. Der Schritt von dem an eine bestimmte Situation gebundenen Gedächtnis, zum frei verfügbaren Erinnerungsbild wird vollzogen. Ein neuer Vorstellungsbereich öffnet sich.
Alle Darstellungen des Menschen gehen jetzt von naturalistischen Vorstellungen aus. So wird nun auch der Unterschied von Mann und Frau aufgezeichnet. Sorgfältig angezogen, mit Schuhen an den Füßen, spazieren oder tanzen die Kinder ihren Reigen. Haarschleifen, Schürzenbänder und Ringelsöckchen sind genauestens ausgeführt. Wir bekommen die jeweilige Begebenheit ausführlich erzählt: das Mißgeschick des kleinen Mädchens, das hingefallen ist, während seine Freundinnen zu den Klängen ihrer Instrumente fröhlich tanzen.
Endlich werden jetzt auch Tierdarstellungen vom Kinde in seine Zeichnung mit einbezogen, zunächst aus der Sicht des Menschen. Die menschliche Gestalt in ihrer frühen Formulierung, in der Zusammenfügung von Kopf und Stamm-Rumpf, wird aus der Senkrechten in die Waagerechte umgekippt und mit unzähligen «Füßen» versehen. Erst nach und nach entstehen aus diesen «Tausendfüßlern»

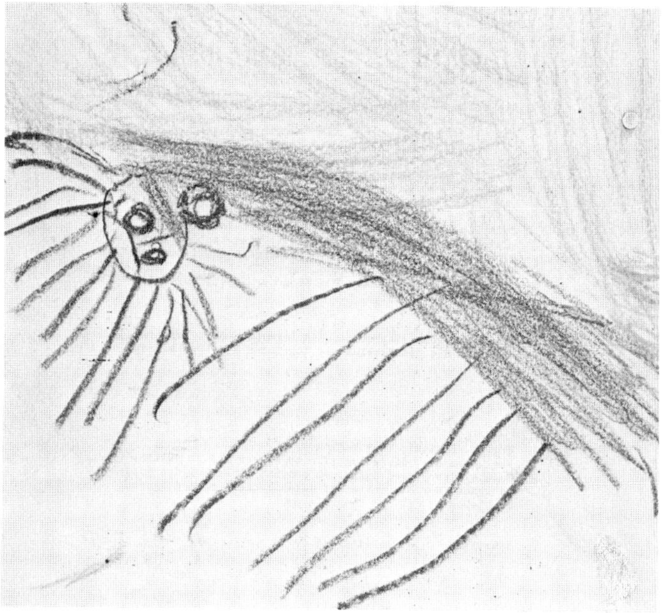

Mädchen
3 Jahre 8 Monate

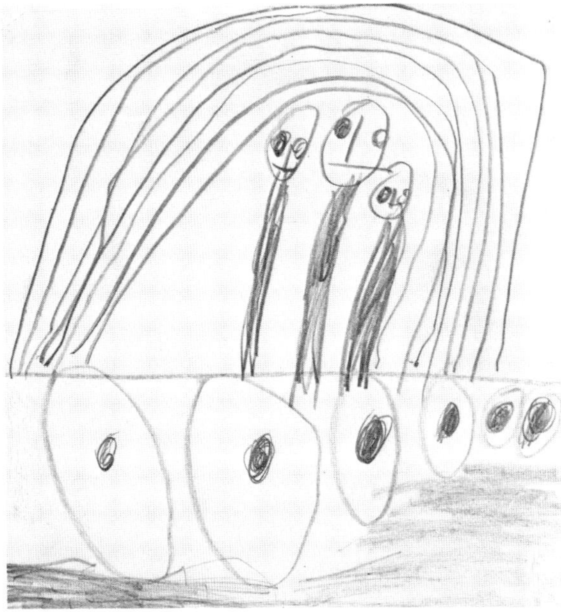

Junge
3 Jahre 11 Monate

Mädchen
4 Jahre 5 Monate

Junge
4 Jahre 8 Monate

Junge
4 Jahre 9 Monate

Tiere, auf denen man reiten kann. Sie beginnen sich aus einer formelhaften Fixierung zu individualisieren (Seite 75).
Nach dem fünften Jahr beginnt das Pferd eine hervorragende Rolle zu spielen. Es scheint das Kind zu fesseln und drängt es auch dann zur Darstellung, wenn in der städtischen Umgebung keine Pferde unmittelbar in Erscheinung treten. Ein «Mexikaner mit Mexikanerhut» reitet auf dem Pferd von David (Seite 68). Kann die Physiognomie eines Pferdegesichts charakteristischer dargestellt werden: das Gebiss, die geblähten Nüstern, das intelligente Auge und die Wachheit der gespitzten Ohren? Die Füße des Tieres sind stämmig und erinnern uns an die Füße und Beine der Menschen auf der Seite 45 und 46. Auch bei diesem Tier entstehen die Gliedmaßen noch aus dem eigenen Erleben, aus den Schüben von Kräften, die uns die frühe Zeichnung der Kritzelstufe (Seite 32) in der schwarzen Schicht so eindrucksvoll vor Augen geführt hat.
Nun könnte man fragen: wie ist es denn mit der Darstellung technischer Einrichtungen, von Auto, Flugzeug, Eisenbahn usw.? Es ist ein Irrtum, zu glauben, daß die Faszination der Technik und das Interesse an unseren heutigen Verkehrsmitteln das Kind dazu veranlaßt, mit diesen Zeichnungen zu beginnen. Bei näherem Zusehen erkennen wir, daß Auto, Schiff, Eisenbahn oder Flugzeug nur die Darstellung des Hauses erweitern und fortsetzen. Ein Haus auf Rädern, ein Haus auf Wellen oder viele Häuser zusammengekoppelt auf Rädern ergeben zunächst unsere heutigen technischen Fortbewegungsmittel.

Mädchen, 6 Jahre

Die Farbe wird der illustrativen Darstellung eingegliedert. Die nun stark formalistisch geprägten Kompositionen können begeistern in ihrer großzügigen Gliederung. Das Dreieck tritt immer häufiger auf. Die fröhliche Kindergestalt auf dem Blatt oben oder das zeltförmige Haus, in dem man unter dem Sternhimmel geborgen ist (Seite 79), sind ganz dem Gesetz des spitzen Winkels untergeordnet. Auf das Rechteck der vorigen Phase wird ein dreieckiger Giebel aufgesetzt (Seite 80).

Mädchen, 6 Jahre
«Zoo»

Mädchen, 6 Jahre

Junge
6 Jahre 7 Monate

Junge
5 Jahre 10 Monate

Die Zeichnung von Martin soll hier für die Darstellungsweise des Sechsjährigen stehen. Martin geht noch nicht zur Schule, aber er hat sich eine Vorstellung von der Schulstube aus den Erzählungen des älteren Bruders gebildet. So zeichnet er uns auf, wie er die Schule sieht. Links oben ist er selber unterwegs; das Schulhaus, von Tannen umstanden, ist erreicht. Eine Uhr, die Zeit, spielt bereits eine Rolle! Allerdings mahnt sie noch völlig verspielt mit spiegelbildlichen Lettern. Hinter den Tischen sitzen Reihe für Reihe die aufmerksamen Schüler. Jeder hat eine Tafel mit einem Tafellappen vor sich. Die Lehrerin erklärt an der Tafel. Sie ist gekrönt, ein königlicher Nimbus zeichnet sie aus. Vom Schulweg, oder bereits aus der häuslichen Spielecke, haben sich zwei Gefährten mit in die Schulstube eingeschlichen. Der eine sitzt mit gespitzten Ohren zwischen den Kindern der hintersten Reihe, der andere hat sich unter der Tafel eingerichtet.

So wie Martin uns seine Vorstellung von der Schulstube außerordentlich präzise aufzeichnet, schildert Matthias (sechsjährig) sein Erlebnis des Tages in Worten. Er hat einen Mann gesehen, der ihm durch seine farbenprächtige Uniform auffiel. Am selben Abend stellt er fest: «Ich kann den Mann immer noch sehen, wenn ich will; ich stelle ihn dann vor meine Augen ...»* Könnte eine freie Vorstellung exakter definiert werden?

* Zitiert bei Hattermann: Werdestufen der frühen Kindheit. In «Erziehungskunst» 1969, Nr. 5/6.

Die Folge der neuen Bewußtseinslage des schulreifen Kindes ist, daß der spontan sich äußernde schöpferisch-bildnerische Impuls abzuklingen beginnt. Es gehört zu der traurigen Erfahrung derer, die sich für die kindliche Zeichnung begeistern, daß die Aussage nun immer schwächer und schwächer wird. Mit dem Schritt in das zweite Jahrsiebent schwindet das Vermögen, die an sich erspürten Lebensprozesse ungebrochen wiederzugeben. Der erste Gestaltwandel sowie der Zahnwechsel machen uns sichtbar, daß die Prozesse, die bislang den kindlichen Organismus aufbauten und differenzierten, nun für andere Aufgaben frei werden (siehe menschenkundliche Anmerkungen).

Die Kräfte, die impulsierend auf die Zeichnung wirken, führten uns die Schritte einer «Einleibung», einer «Einhausung» vor Augen. Es entsteht vor uns als seismographische Aufzeichnung das «Haus» Mensch. Wir sehen als erstes, die skizzenhafte Fixierung der Kritzelstufe, ganz aus der Dynamik der Bewegung geführt. Der «Rohbau» ist bereits in der ersten Anlage um das dritte Jahr errichtet und manifestiert sich im «Säulenmenschen» sowie im Kreis oder Kreuz. Endlich die Differenzierung und Ausgestaltung: sie ist mit dem ersten Gestaltwandel abgeschlossen.

Der erste Entwurf zu diesem Hausbau schien von Kräften aufgezeichnet, die außerhalb der kindlichen Gestalt zu liegen scheinen. Kräfte, die ihre Spuren durch das Medium des Kindes auf der Zeichenfläche sichtbar werden lassen. Wir sehen Prozesse, die unterschiedlichen Wirkensbereichen entstammend den Stift führen: ein Geformtes, ein Rhythmisch-Gegliedertes und ein Willensmäßiges findet seinen Niederschlag. In den verschiedenen Phasen, der frühen, mittleren und späten Epoche, sind die Schwerpunkte unterschiedlich gesetzt. Verschiedene «Werkebenen» bestimmen die jeweilige Formulierung: so das Nachzeichnen von Bildekräftestrukturen durch das Medium der Linie (siehe «Linie und Bewegung»), das Schaffen aus dem Element der Farbe (siehe «Von der Linie zur Fläche») und das Wiedergeben illustrativ-gegenständlicher Vorstellungsinhalte (siehe «Vom Zeichen zum Abbild»).

Etappenweise wird das «Gehäuse» bezogen. Zunächst ist das Kind in seinem Zeichnen weitgehend unbeeinflußbar. Der «Blick» ist ganz nach innen gerichtet. Lebens- und Organbildeprozesse bestimmen die Aussage. Der nächste Schritt in die mittlere Phase hat zur Folge, daß die Mauer durchbrochen wird. Eine erste Orientierung nach außen erfolgt. Tür und Fenster öffnen sich und Licht strahlt in die Behausung. Mit dem Licht flutet Farbe herein und beseelt den Innenraum. Das ordnende Element der späten Phase wird aus den Kriterien der äußeren Vorstellung geboren.

Die Zeichnungen lehren uns, die kindliche Entwicklung als einen Prozeß vielfältiger Metamorphosen zu sehen. Innerhalb eines kontinuierlichen Fortganges beobachten wir sprunghafte Schritte nach vorne, ein retardierendes Auf-der-Stelle-Treten oder sogar regressive Elemente. Im Zusammenschauen der jeweiligen Entwicklungsstufe mit den Zeichnungen des einzelnen Kindes öffnet sich die Tür zum Verstehen der kindlichen Individualität. Die Rätselspuren entwirren sich, wir beginnen die Hieroglyphen zu entziffern. Die kindliche Zeichnung macht uns die Spuren auf dem Wege der Menschwerdung sichtbar.

Menschenkundliche Anmerkungen

Wolfgang Schad

Es war im Jahre 1902, als die Höhlenmalereien der ausgehenden letzten Eiszeit, die zum ersten Mal in Spanien schon dreizehn Jahre vorher entdeckt worden waren, von der Urgeschichtsforschung anerkannt wurden (H. Kühn). Wenige Jahre später malte 1910 in München der Russe Wassily Kandinsky das erste ungegenständliche Bild. Älteste und neueste Malerei der Menschheit trafen sich über 20 000 Jahre hinweg. Der Zeitgenosse war erst einmal ratlos. Altamira galt zuerst als Fälschung, da es vollkommen modern wirkte. Und Kandinsky? War das noch Kunst? War das nicht viel zu primitiv? Beide Ereignisse brachten Formen von Kunst ins öffentliche Bewußtsein, die nicht bloß Abbilder boten, sondern die Quellen des künstlerischen Vorganges selbst anrührten.

Zwischen beiden Ereignissen, 1905, erklärte die Schwedin Ellen Key das angebrochene Jahrhundert zum Jahrhundert des Kindes. Und sogleich entdeckte man auch die Kindermalereien als Kunstwerke, die seit Jahrtausenden übersehen worden waren und doch täglich um uns herum auf allen Kontinenten ähnlich produziert werden. Erst inzwischen beginnen wir zu ermessen, welches dritte Novum damit ins öffentliche Bewußtsein getreten ist. Es hat sich zwar schon 1885 der Engländer Ebenezer Cooke wohl als erster mit Kinderzeichnungen beschäftigt, aber das gezielte Interesse und die ersten Ausstellungen von Kinderzeichnungen setzten doch erst nach der Wende in unser Jahrhundert ein.

Die zur gleichen Zeit von Rudolf Steiner begründete anthroposophische Menschenkunde gibt uns nun die ebenso neuen wissenschaftlichen Urteilsgrundlagen und Übungswege, um in aller Behutsamkeit an das gesamtmenschliche Verständnis der Kinderzeichnung heranzufinden. Wie schon eingangs in diesem Buch erwähnt, war es Hanns Strauss bald klar, daß der ästhetische Maßstab – was auch immer man darunter versteht – nicht hinreicht. Die verschiedenartigsten neueren Kunstrichtungen haben zwar die Kinderkunst zu ihrem Bundesgenossen erklärt, dasjenige davon gefeiert, wovon sie sich bestätigt sahen, und sie danach begutachtet. Aber das Kind unterläuft die Erwachsenen-Ästhetik mit ihrem Mindest-Anspruch, Kunst zu sein, ungefragt. Kinder stellen nicht aus. Die Tat der Hervorbringung ist alles, nichts der Ruhm. Ist es Natur, ist es Seele, was auf dem Papier erscheint?

Das vorliegende Buch gibt darauf eine lebensvolle Antwort. Die Fülle des ausgewerteten Materiales zeigt bei aller Vielseitigkeit der Bilder und bei aller Anerkennung jeder einzelnen, unverwechselbaren kindlichen Individualität zeitliche Abfolgen, die im unübersehbaren Zusammenhang auch mit der kindlichen Leibesentwicklung stehen. Diesem Zusammenhang sei in einigen menschenkundlichen Anmerkungen noch nachgegangen.

Der Mensch ist ein vielschichtiges Wesen. Aber was Leib und Seele zusammenhält, wissen wir damit noch nicht. Rufen wir die wissenschaftliche Analyse um Hilfe an, so wissen wir mit aller ihrer Genauigkeit heute auch nur, daß die biochemische Untersuchung nirgends auf Seelisches stößt und daß die seelische Introspektion nirgends die Naturseite des Menschen kennenlernt. Die Brücke läßt sich also weder im Physischen noch im Psychischen vorfinden, sondern dafür in einem Bereich, der zu keinem der beiden gehört: in den unbewußten Lebensvorgängen, die in uns Tag und Nacht schlafend ablaufen, in der eigentlichen Physiologie. Sie hat den methodischen Nachteil, daß sie mit dem üblichen Tagesbewußtsein weder in der objektivierenden Außenbeobachtung noch in der subjektivierenden Innenempfindung erfahren werden kann. Weil Lebensvorgänge, je stärker sie sind, desto unbewußter vorgehen, kennen wir die Brücke so schwer.

Aber auf dieser Brücke malt das kleine Kind und von dieser Brücke handelt auch alles, was es malt. Seine Bilder besitzen den methodischen Vorteil, uns diesen Brückenschlag sowohl typologisch wie individuell unbeabsichtigt vorzuführen. Seine Kritzeleien und Klecksereien sind die täglichen Nebenprodukte der wichtigsten Leistungen dieser Jahre: Wachsen zu können und schrittweise alle Organe bis zu einer ersten Funktionsreife zu bringen. Das kleine Kind ist seelisch-geistig ja in erster Linie damit beschäftigt, sich zu verleiblichen. Es baut die Lebensbrücken zwischen Leib und Seele. In seinen Bildentwürfen steigt an die Oberfläche der Sichtbarkeit, was in ihm leibbildend beschäftigt ist. Sie sind gleichsam der Küstensand, angeschwemmt aus dem Ozean der Organgestaltung, aus dem subjekt- und objektlosen «Niemandsland» der Lebensprozesse. – Wir Erwachsenen, die wir fertig gewachsen sind und diese Beschäftigung mit anderen Beschäftigungen vertauscht haben, müssen uns regelrecht umorientieren, um auch zu verstehen, was uns bislang nur fasziniert.

In seiner frühesten pädagogischen Schrift (1907) beschreibt Rudolf Steiner, daß bei der sogenannten Geburt erst der physisch wägbare Leib von der Mutter abgenabelt wird. Das labile Lebensgefüge des Kindes mache aber durch viele Jahre noch eine weitere Embryonalentwicklung durch. Die seelische Ausformung und geistige Autonomisierung sind weitere «Geburten», welche die menschliche Entwicklung wie bei keinem anderen Naturwesen bis auf etwa zwanzig Jahre ausdehnen.

Die sich einspielenden Lebensfunktionen sind zum Beispiel nicht leiblich gesichert angeboren, sondern nur die Bereitschaft dazu, sie unter den angetroffenen Lebensbedingungen auszubilden. Die heutige Vererbungslehre formuliert diesen Tatbestand so, daß weder ein Gestaltmerkmal noch irgendeine Funktionsleistung erblich angeboren ist, sondern nur plastische Normen, auf die jeweilige Umwelt mit speziellen Bildungen und Leistungen zu reagieren; vererbt werden nur «Reaktionsnormen» (A. Kühn). Vererbung ist also die Bereitschaft, die Umwelt in einer spezifischen Weise anzunehmen. Das Merkmal Gesundheit z. B. ist also nicht angeerbt, sondern allein die Bereitschaft dazu, sie auszubilden, wenn die fördernde Hilfe angetroffen wird. Die kindliche Entwicklung besteht so auch nach der Geburt darin, in einem gemäßen Lebensraum mehr an Gesundheit auszubilden, als zuerst vorliegt. Erst mit der Schulreife ist die Gesundheitsreife soweit gediehen, daß sich grundlegende Organabläufe soweit stabilisiert haben, daß sie für das ganze Leben einigermaßen vorhalten. Darin besteht geradezu die eigentliche Schulreife. Mit ihr findet ein weiterer Abbau von biologischer Abhängigkeit, eine zweite Geburt statt. Rudolf Steiner spricht in diesem Sinne von einer zweiten freigewordenen Leiblichkeit, dem Lebensleib oder Ätherleib. Die Embryonalentwicklung dieses Gesundheitsleibes macht die Kleinkindheit aus.

Wo diese zweite, sublimere Schwangerschaft während der Dauer ihrer sieben Jahre mißlingt, haben wir es mit einer Embryopathie des Lebensleibes zu tun, wie etwa besonders kraß im Hospitalismus. Er stellt einen schweren, nicht mehr aufholbaren Entwicklungsrückstand dar, der trotz guter hygienischer leiblicher Versorgung in Kinderkrippen, Heimen und Hospitälern (daher der Name) eintritt, wenn durch menschliche Unverbindlichkeit wie etwa mehrfachen Personalwechsel das Kind keine dauerhafte seelische Bindung aufbauen kann. Die Entbehrung der Mutter oder einer gleichwertigen Bezugsperson besonders in den ersten drei Jahren führt trotz aller leiblichen Fürsorge zu schweren Schäden der lebenserhaltenden Organisation im Kinde (Schmalohr).

In den Äußerungen der ersten sieben Jahre und besonders in der Bilderproduktion dieser Zeit schafft jedes Kind die autobiographischen Dokumente davon, wie diese zweite Embryonalentwicklung verläuft. Was malt es denn zumeist?: Kopffüßler, Wirbelsäulenleitern, Besenhände, und selbst das Haus hat noch die Fenster als Augen und ist das Leibesgebäude des Kindes selber. Der Mensch, das Kind, es selbst, seine Leibestätigkeit, seine Befindlichkeit am und im Leibe – oder wie man es noch umschreiben soll – ist das alles andere überragende Thema allein schon quantitativ (Pikunas).

Es gibt wohl kaum etwas so Lehrreiches über das, was in der ersten Kindheit vorgeht, als diesen unsichtbaren, eigentlichen Vorgang hier vom Kinde selbst in der aus seiner Organik aufquellenden Fülle von Kritzeleien, Zeichnungen und Farbgemälden demonstriert zu bekommen. Identisch mit seinem Werk, beantwortet das Kind unbewußt unsere angeschlagenen Fragen, wenn wir uns von ihm mitnehmen lassen. Sein Alltägliches ist ihm feierlich genug. Was erzählt das eine Bild, was das andere?

Die jüngsten Zeichnungen, die Urwirbel, fließen unkontrolliert aus der Motorik des kreisenden Händchens heraus, sind Spuren der lebenden Bewegung. Schaukelnde Handbewegungen lassen pendelnde Kritzelbahnen entstehen (Seite 20). Auch hier reichen unsere einfachen Vorstellungen nicht aus. Der Gelenkbau und der Grad der Muskelreifung in Ärmchen und Händchen sind natürlich an dem Formencharakter beteiligt, aber nicht dessen Ursache, denn dann kann man ebenso gleich nach der Ursache der Organgegebenheiten fragen. Und hier trifft man eben auf den Lebensprozeß, der gleicherweise die leiblichen Organe aufbaut, wie die Bilder schafft, die wir zu sehen bekommen. Beide entspringen dem gleichen Vorgang. Ihn lernen wir kennen. Alles geht sehr schnell und ist nach der Tat uninteressant geworden. Ein Stück anonymer Kraft fließt durch das Kind hindurch. Die Fülle an Variationen, die durch das zweite und dritte Jahr hindurch auftreten und unter denen schon bald prägnante Formen erreicht werden, überspringen wir hier.

Entscheidend wird die Mitte oder das Ende des dritten Jahres. Verdeutlichen wir uns nochmals, was geschieht, wenn der kleine Mensch tief atmend an seinem Tischchen steht und ungelenk eine Linie im Bogen auf dem Papier zieht: Mit aller Konzentration, zu der das Kind fähig ist, versucht es die Linie – und mag sie noch so dellig werden – an ihren Anfang anzuknüpfen, den Kreis zu schließen. Eine volle Ausatmung tut kund, daß etwas mit tiefer Befriedigung erreicht wurde. Ein

abgeschlossener Raum ist – nicht zufällig sondern gesucht und gekonnt – aus der unendlichen Welt ausgesondert worden. Noch einmal und wieder aufs neue sucht und findet das Kind diese Betätigung als Bestätigung. Viele Blätter werden einige Tage lang vollgekratzt, so heftig ist oft der Druck auf das Papier. Es ist zugleich die Zeit des ersten sinnvollen Ich-Sagens. Das Kind entdeckt sich als etwas, das es so nicht noch einmal gibt, das nun der ganzen Welt rundherum gegenübersteht. Ein geistig kontinuierliches Ichwesen ist das Kind auch schon längst vorher, aber das Bewußtsein davon erlangt es erst jetzt.
Diese Bewußtseinsleistung geht mit der zunehmenden Reifung des Großhirns, speziell mit der Markscheidenausbildung in der Großhirnrinde einher (Wiesener). Hinzu kommen wichtige Knochenverschlüsse am Schädel. Während sich zum Ende des ersten Lebensjahres die Fontanellen endgültig schließen, verschmilzt jetzt beim zweieinhalb bis dreijährigen Kinde die Stirnnaht (Sutura frontalis = metopica) zwischen den beiden Stirnbeinknochen (Starck) und wird röntgenographisch unsichtbar, so daß von da an ein einfaches Stirnbein vorliegt, eine Staumauer nach außen und nach innen. Das kosmisch offene Bewußtsein des Kleinkindes, das sich noch überall dort mit der Umwelt identifizierte, wo es sich geborgen fühlte, und das wir bisher mehr um den kleinen Leib herum als in ihm erleben konnten, zieht sich jetzt hinter die sich zumauernde Stirnwand zurück. Die erste Trotzphase beginnt. Der Verschluß ist das gesuchte und so auch zeichnend produzierte Ergebnis. «Es ist zugebunden», damit wird der Tatbestand, der zugeknüpfte Kreis auf dem Papier, vom Kind erklärt.

Hohlformen und Spiralen ebenso wie Kreise und Kreuze sind das Material, mit dem im weiteren das neue innere Geheimnis umfahren und ergänzt wird. Dabei setzt sich in der Folgezeit immer mehr die Gerade durch. Sie wird zwischen dem dritten und fünften vollendeten Jahr zunehmend als Symmetrieachse verwendet. Das Motiv steigert sich zum Quadrat, zum Rechteck, zur Wiederholung des Gleichen oder Ähnlichen in rhythmischer Abfolge. Türme werden gebaut, nein Leitern sind es, oder Stufennetze. Das Kind malt die Funktionsreifung seiner Wirbelsäule, diesen Turm von Säulentrommeln, der von Ganglienknoten, Blutgefäßleitern, Muskelgruppen und Rippentreppen symmetrisch begleitet wird.
Physiologisch wird die Zwerchfellatmung, die bis ins dritte Jahr hinein vorwiegt, von der Brustkorbatmung, oder genauer Rippenatmung überlagert. Der rundlich-tonnenförmige Brustkorb des Babys flacht sich an der Vorderfront zum breiteren Seitendurchmesser hin ab (Rauber-Kopsch). Die Wirbelbögen verschmelzen knöchern mit den Wirbelkörpern, so daß der rhythmisierteste Teil des Skelettes, die Wirbelsäule, seine volle Form erreicht. So reift überall in dieser Mitte der frühen Kindheit die rhythmische Leibesorganisation aus.

Schaukeln, alle Kreisspiele, im Singen der Refrain, bei jeder Geschichte die sofort verlangte Wiederholung werden mehr denn je gesucht und genossen. Ja, die Regelmäßigkeit der Tagesgestaltung, des Wochenlaufes, der Jahresfeste, wo alles zum möglichst unangetasteten «Zeremoniell» wird, zeigt, daß das Kind die Zeitgeber sucht, um seine biologische Rhythmik, die «innere Uhr», aufzubauen und zu stabilisieren. Davon hängt ja seine vegetative Gesundheit für das ganze Leben ab, eben ein weiterer Anteil seiner Gesundheitsfähigkeit, die zwischen Leib und Seele vermittelt. Die Befriedigung der Erwartung – so war es, so ist es jetzt wieder und, ich kann mich darauf verlassen, es wird wieder sein – gibt das Urvertrauen ins kommende Leben, macht belastungsstabil. Von der Reifung dieser rhythmischen Gesundheitsorganisation berichten die Bilder gerade zwischen zweieinhalb und fünf Jahren.
In dieser Zeit, besonders während des fünften Lebensjahres, also bei den Vierjährigen, entstehen

Kopffüßler, aus denen viele und überlange Sinnesfäden ragen und reiche Verbindung zu allem, was jetzt «Umgebung» ist, herstellen. Diese Antennen sind offensichtlich nicht nur Haare, sondern es gerät damit eine Lebensbefindlichkeit ins Bild, die das kleine Kind stark beherrscht. Dazu dürfen wir etwas weiter ausholen.
Es ist inzwischen Allgemeingut, daß der Mensch nicht nur fünf Sinne hat, sondern noch manche andere wie Wärme- und Kältesinnesorgane, solche für Schwere- und Bewegungswahrnehmungen im Innenohr usw. Freie Nervenendigungen in den meisten Organen vermitteln uns Wahrnehmungen des eigenen Gesundheitszustandes: Schmerz oder leibliches Wohlbehagen, Hunger oder Sättigung, Müdigkeit oder Frische. Rudolf Steiner faßte diese Empfindungen als «Lebenssinn» zusammen. Beim kleinen Kinde nun können wir beobachten, daß es mit seinem Lebenssinn noch eine eigene Bewandtnis hat. Leibliche Schmerzen kann es oft noch nicht recht lokalisieren. Es hat sich am Knie verletzt und sagt, es habe Bauchweh. Und wenn man genauer fragt: «Wo», dann zeigt es einem draußen den Stacheldraht. Es kann alles Geschehen viel besser in seiner Umgebung und noch nicht so gut an seinem eigenen kleinen Leibe orten. Der Lebenssinn ist es insbesondere, der sich noch hochgradig auf die umgebende Lebendigkeit richtet. Es ist schwer, sich als Erwachsener zurückzuholen, was man als Vierjähriger traumwandlerisch so ganz anders erlebte: die Stachelbeerhecke im Garten, der frühe, kühle Morgen mit den ersten Kastanien unterm Baum, die Straße, der nächste Waldrand ... Lebensfülle oder Lebensferne wurden noch viel feiner gespürt.

Mit der Schulreife verändert der Lebenssinn schon seine Wahrnehmungsrichtung: Er wendet sich zurück auf den eigenen Leib. Diese Umkehr kommt dann mit der Pubertät zum Abschluß. Kehren wir als Erwachsene an den Ort unserer Kleinkindheit zurück, sind wir von seiner Nüchternheit und Alltäglichkeit oft überrascht und enttäuscht. Nachdem der Lebenssinn sich nur noch auf die eigenen Lebensvorgänge eingestellt hat, wird uns die Umwelt lebensleerer. Aber das liegt nicht an ihr selbst, sondern an unserer veränderten Sinnesorganisation. Für das kleine Kind aber gilt, was hier an einem Sinnesbereich berührt wurde, auch für eine ganze Reihe der anderen Sinnesfelder: Die Umweltverhältnisse werden psychisch viel stärker realisiert als der eigene Leib. Das macht ja das Kind zum nachahmenden Wesen, und das kommt ins Bild mit den antennen-übersäten Kopffüßlern dieses Alters (Seite 56 bis 58).
Die Zeichnung des gerade Fünfjährigen (Seite 59) überrascht uns mit seinem «Steuerrad» in der Bauchgegend des Kritzelmännleins. Was vorher das ganze Männlein ausstrahlte, wird leiblich eingeschränkt, beginnt schon anfänglich leibzugewandt zu werden. Es liegt nahe, dieses Rad mit dem Sonnengeflecht, einem Anteil des vegetativen Nervensystems in der oberen Bauchhöhlung zu identifizieren. Alle seine Anteile versorgen die unbewußt arbeitenden Organe, die unserem willkürlichen Zugriff entzogen sind wie die meisten der Bauchhöhle. Dieses Nervensystem unterscheidet sich anatomisch von den anderen, seelisch bewußter verfügbaren Nerven durch zwei Eigentümlichkeiten: Die vegetativen Nerven bilden locker verflochtene Netze (Plexus), die nirgends ein eindeutiges Zentrum bilden. Dagegen findet im Rükkenmark und besonders im Gehirn eine massive Konzentration der Nervenorganisation statt, weshalb man das «animalische» oder Zentral-Nervensystem dem «vegetativen» Nervensystem gegenüberstellte.

Die andere Eigentümlichkeit des letzteren ist die fehlende Umhüllung der Nervenstränge durch fettartige Scheiden, die sogenannten Markscheiden. Markscheidenfreie Nervenfasern arbeiten prinzipiell bewußtseinsfern, wie umgekehrt unser Tagesbewußtsein auf den markscheidenhaltigen Nerven beruht. Im Bereich der ersteren vollziehen sich die immerwährend im Tiefschlaf arbeitenden Erholungs-

und Wachstumsvorgänge durch die Abstimmung der Organe aufeinander und den Aufbau des lebendigen Ordnungsgefüges. Mit Hilfe des Zentralnervensystems versuchen wir ebenfalls Ordnung zu erbringen, jedoch eine ganz andere Art von Ordnung, eben die Bewußtseinsordnung.
Nun muß man sich klarmachen, daß auch das Zentralnervensystem zuerst einmal markscheidenfrei ist. Das seelische Vermögen schläft also anfangs noch für den ganzen Leib, wie später nur noch für die vegetativen Organe. Bis dahin aber führt das künftige Zentralnervensystem seine mächtigsten Wachstumsleistungen durch. Es ist eben zuerst einmal – funktionell gesehen – vegetativ tätig, ja geradezu der frühe Stoffwechselpol in der embryonalen und frühkindlichen Phase. Und erst nach und nach werden die vegetativen Funktionen vermehrt von der Rumpf- und insbesondere der Bauchorganisation übernommen.

Es ist heute – im Vergleich zu der Fülle der Fragemöglichkeiten – noch wenig Genaues von der leiblichen Entwicklung des kleinen Kindes bekannt. Verständlicherweise kümmerte sich die Forschung erst einmal um das kranke Kind. Es gibt eine ausgebildete Kinderheilkunde (Pädiatrie), aber die Kinderkunde (Pädologie) hat erst begonnen. Für unsere Fragen nach dem Zusammenhang zwischen der leiblichen und künstlerischen Produktion des Kindes hilft uns aber schon ein wenig eine neuere Arbeit über das Nervensystem weiter. Rohen hat neuerdings, ausgehend von Vorschlägen Steiners (1919, 1925), darauf aufmerksam gemacht, daß die Bildungsweisen, Formen und Funktionen der Nervenorganisation verständlicher werden, wenn man die alte Zweiteilung durch eine Dreiteilung ersetzt: in Gehirn (Sensorium), das Rückenmark (Senso-Motorik) und – wie bisher – das Eingeweide-Nervensystem (Vegetativum). Wir haben schon verfolgen können, daß diese drei Bereiche nicht völlig gleichzeitig, sondern nacheinander reifen. Eine markante Stufe erreicht das Gehirn im dritten Lebensjahr. Die rhythmische und motorische Stabilisierung zwischen dem dritten und fünften Geburtstag zeigt die Funktionsreifung des Rückenmarks an. Von da an erst werden die vegetativen Nervenfunktionen vermehrt nur noch vom Eingeweide-Nervensystem übernommen. Es autonomisiert sich nach dem fünften Lebensjahr gegenüber den zentralisierten Nervensystemen und wird als solches gerade in dieser Altersphase vermehrt ins Bild gebracht. Es «steuerradet» jetzt hier selbst.

Wichtig für das Verständnis der Kinderzeichnung ist auch ein Einblick in die Raum-Zeit-Gestalt der gesamten Leibesentwicklung. Dazu greifen wir einmal weit zurück und orientieren uns an der Embryonalentwicklung des physischen Leibes. Dabei wird eine auffällige Heterochronie, eine «Verschiedenzeitlichkeit», geradezu drastisch sichtbar. In der sechsten Woche läuft das Zentralnervensystem der übrigen Organentwicklung weit voraus: Das Gehirn nimmt nicht nur den weitaus größten Teil des Kopfes ein, sondern ist auch so groß wie der ganze Rumpf. Das Rückenmark ist so lang, daß sein Ende vom Lenden- und Beckenbereich noch nicht überwachsen ist und so unten spitz herausragt, ohne etwas mit dem Tierschwanz zu tun zu haben, der ja immer erst hinter der künftigen Beckenregion auswächst (Blechschmidt). – In der zwölften Woche finden wir den Brustkorbraum deutlich in kräftigem Wachstum vor.

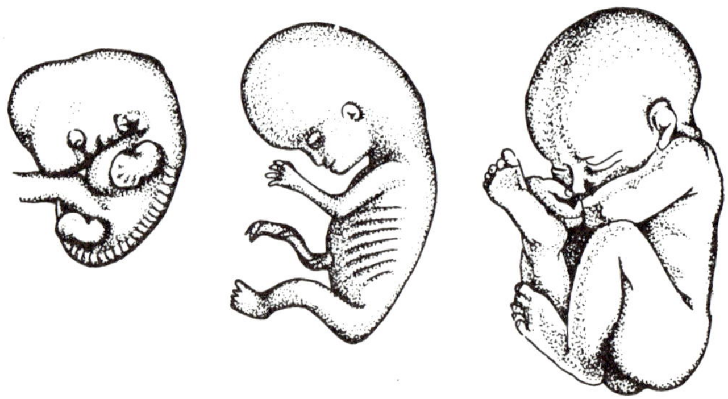

Die Heterochronie im vorgeburtlichen Organwachstum des physischen Leibes: 6. Woche (1 cm), 11. Woche (6 cm), geburtsreif (30 cm Kopf–Steißlänge), hier zum Vergleich auf gleiche Kopflänge gebracht.

Er holt gleichsam jetzt neben dem Kopf auf, während die Unterleibsregion noch immer sehr klein ist. – Und erst im weiteren Verlauf wachsen die Organe der Bauchhöhle und die Gliedmaßen auf ein vergleichbares Maß aus.

In der unauffälligeren und doch an sich der Beobachtung so viel besser sichtbaren «Schwangerschaftsperiode» des Lebensleibes zwischen dem ersten und siebten Lebensjahr, stehen wir vor der gleichen «Verschiedenzeitlichkeit». Die Funktionsreifung erfaßt zuerst den Kopfbereich bis ins dritte Lebensjahr, dann den oberen Rumpfbereich vorwiegend bis ins fünfte Lebensjahr; dann schließt sich erst die gleichwertige Ausreifung im Stoffwechsel und Gliedmaßenbereich an, die sich zwar im ganzen Organismus abspielen, wo Stoffumsatz und Muskelaktivität vorhanden sind, im unteren Rumpfbereich jedoch dominieren (Steiner 1921).

So holen die Gliedmaßen anfänglich im sechsten und rascher im siebten Lebensjahr ihre kleinkindliche Entwicklungsverzögerung auf. Das vermehrte Wachstum kann zuerst an den Füßen oder Händen beginnen und setzt sich bald an den Armen und Beinen fort. Auch die Form des Körperstammes verändert sich auffällig. Das kleinkindliche Kugelbäuchlein verschwindet, so daß jetzt erst die Taille entsteht. Die Fettbedeckung nimmt mit dem intensivierten Stoffwechsel allgemein ab, das Muskelprofil tritt ebenso wie die Gelenkkanten hervor. Die Gesamtgestalt wird schlanker: Der bisher stumpfe Winkel der unteren Brustkorblinie wird spitz, der Hals wird länger und kräftiger. Wenn diese Vorgänge den Kopf ergreifen, verändert sich die Physiognomie so, daß die rundliche Stirn ebener wird und nicht mehr das Gesicht überwölbt. Dafür wächst der Mundbereich stärker und schafft in den Kiefern Platz für das kommende Dauergebiß, so daß er erst jetzt markant in Erscheinung tritt. Das Kind schafft sich in dieser letzten Phase seiner Kleinkindheit durch den stofflichen und gestaltlichen Umbau eine neue Existenzform (erster Gestaltwandel, siehe Zeller).

Auch dieses Unternehmen hält das Kind in den Zeichnungen dieses Alters wie in Momentaufnahmen fest. Bisherige «Kopffüßler» erhalten zumeist erst jetzt Hals und Rumpf. Und diese «Rumpffüßler» besitzen oftmals besonders lange Beine, Füße, Arme, Hände und riesige Finger. Die vielen Häuser mit Türen, Fenstern, Dach und Schornstein, aus denen die Leute herausschauen oder deren Tun und Lassen im Haus transparent dargestellt wird, entstehen aus dem veränderten Erlebnis des eigenen Leibes. Das Kind ist immer weniger «aus dem Häuschen», sondern zieht ein und sieht heraus. Es malt von da aus auch vermehrt, was man nicht allein nur selbst ist: Es erscheinen gehäuft «Bildergeschichten». Das Bild wird immer mehr zur Szene. – Ganz besonders interessant ist, daß nun erst das Kind die Farbe ganz entdeckt. War sie bisher vorwiegend als Kontrast zum Untergrund gefragt, so jetzt um ihrer Eigenfarbe willen. Eine innere Farbenwärme leuchtet auf, die offensichtlich in sich selbst erfahren wird.

Andererseits schärfen sich die Konturen aus. Die Linie ist nicht mehr Bewegungsspur, sondern Grenze zwischen Innerem und Äußerem. Die Eckigkeit des grazil werdenden Körpers unterlagert dieses existentielle Erleben und führt zur jetzt häufig verwendeten, beliebten Dreiecksfigur. Statische Verankerung und gezielte Streckung liegt darin. Die spitzen Winkel – und zwar nicht die, welche ausstrahlen, sondern die, in denen sich etwas fängt – überwiegen. Das Dreieck beherrscht dieses Alter (Seite 77, 79 und 80).

Auf Seite 82 wird von der häufig beobachteten Tatsache berichtet, daß während des Abschlusses der Kleinkindheit etwa zwischen dem sechsten und siebten vollendeten Lebensjahr die Bilderproduktion nachläßt. Die sprudelnde Frische verebbt etwas. Das Kind nimmt mehr den sinnenden Betrachterposten zu seiner Umgebung ein, als in ihr – wie sonst – zu ihrem Aktivisten zu werden. Es neigt zur Teilnahmslosigkeit. Leibfremde Psychologen vermuteten fehlende Anregungen im Kinder-

garten oder Familienmilieu. Aber die Ursachen sind andere und berechtigte. Das Kind steht nämlich unter einem durchaus anstrengenden Engagement. Es ist mit dem raschen Umbau der Leibesgestalt beschäftigt. Dieser ist ja kein materieller Automatismus, sondern geschieht beobachtbar mit dem Kräfteaufwand, der der seelischen Phantasieproduktion entzogen wird.
Der erste Gestaltwandel und die Vorbereitung des Zahnwechsels ist eine labile Zeit. Selbst die kraftvollen Bewegungsspiele lassen nach. Der Herzschlag wird zeitweise unrhythmisch (respiratorische Arrhythmie), wie sonst nur im zweiten Gestaltwandel, in der Pubertät (Wiesener). Psychische Anomalien kommen vermehrt zur Beobachtung (Pavloff). Die Infektanfälligkeit nimmt zeitweise zu. Ein disharmonischer Zustand ist so der Durchgang zu neuen Ufern. Diese künstlerische Pause nach außen ist eben keine Pause in der Funktionsreifung der leibzugewandten Lebensprozesse, die jetzt den Abschluß ihrer eigenen «Fötalzeit» zustande bringen müssen. Hier wird geradezu das Sprungbrett eingebaut, um in die Mitte der Kindheit mit ihrem andersartigen Lernvermögen, Phantasie- und Spielelement hineinspringen zu können. Wer hier verfrüht Leibfremdes fordert, nämlich schulisches Lernen – und sei es noch so «kindgemäß» verpackt –, wird die vitale Sicherheit, das unbewußte Vertrauen zum Dasein lebenslang verunsichern.

Das siebenjährige Kind ist, wie aus dem beigefügten Diagramm hervorgeht, mit der Bildung aller Zahnkronen sowohl des Milchgebisses wie auch des Dauergebisses fertig; nur der Weisheitszahn bildet davon eine Ausnahme, er hinkt nach. Für das Dauergebiß waren es die Kindergartenjahre, die die obersten, härtesten Schichten, den porzellanenen Schmelz der bleibenden Zähne hinter dem Zahnfleisch bauten. Das schulreife Kind hat – vom Weisheitszahn abgesehen – diese Bildung der härtesten Leibessubstanz fertig und hinter sich gebracht. Nur die Zahnwurzeln aus dem weicheren Zahnbein

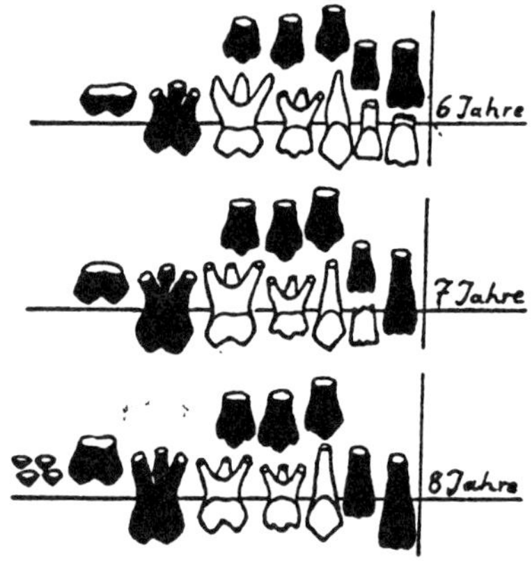

Gebißentwicklung um die Zeit der Schulreife, anhand des rechten Oberkiefers; senkrechte Linie Kiefermitte, waagerechte Linie Zahnfleischebene, Milchzähne weiß, Dauerzähne schwarz.
Der sichtbare Zahnwechsel beginnt beim Sechsjährigen mit dem Durchbruch des ersten zusätzlichen Backenzahnes. Der Siebenjährige hat den ersten Schneidezahn gewechselt. Allerdings findet heute vermehrt auch die umgekehrte Reihenfolge statt. Beim Achtjährigen beginnt die erste Verkalkung des letzten Backenzahnes (Weisheitszahn) an den vier Kuppen seiner Krone. Man beachte beim Siebenjährigen den Entwicklungsstand der Zahnkronen des Dauergebisses.

(Dentin) werden noch angefügt werden. Was an der Ausdifferenzierung des Leibes und der Stabilisierung seiner Leistungen in allen drei besprochenen Funktionssystemen nicht mehr zu arbeiten braucht, steht dem Lernvermögen unbehindert zur Verfügung. Das selbständig erlebte Vorstellungs-, Gedächtnis-, Phantasie- und Intelligenzvermögen wird frei. Die Schulreife ist erreicht.
Mit den Kräften also, mit denen das Kind vorher gewachsen und leiblich gereift ist, hatte es auch immer zugleich gekritzelt, gezeichnet und gemalt. Von jetzt an wird es mit den leibunabhängiger gewordenen Wachstumskräften spielend arbeiten und arbeitend lernen.

Literatur

Aeppli, Willi: Sinnesorganismus, Sinnespflege, Sinnesverlust. 2. Auflage Stuttgart 1967.

Blechschmidt, Erich: Vom Ei zum Embryo. Stuttgart 1968.

Britsch, Gustav: Theorie der bildenden Kunst. Herausgegeben von Egon Kornmann. München 1926.

Cooke, Ebenezer: Art Teaching and Child Nature. Journal of Education, London 1885.

Geiger, Rudolf: Mit Märchen im Gespräch. Stuttgart 1972.

Giedion, S.: Die Entstehung der Kunst. Köln 1964.

Gollwitzer, Gerhard: Schule des Sehens. Ravensburg 1960.

Grözinger, Wolfgang: Kinder kritzeln, zeichnen, malen. München 1952.

Hartlaub, G. F.: Der Genius im Kinde. Breslau 1930.

Heymann, Karl: Kind und Kunst. Zeitschrift Psychologische Praxis, Heft 10. Basel 1951.

Karutz, Richard: Die Ursprache der Kunst. 2. Auflage Stuttgart 1967.

Key, Ellen: Das Jahrhundert des Kindes. Berlin 1902.

Kienzle, Richard: Das bildhafte Gestalten. Esslingen 1932.

König, Karl: Die ersten drei Jahre des Kindes. 5. Auflage Stuttgart 1975.

Koch, Karl: Der Baumtest. Bern/Stuttgart 1967.

Koch, Rudolf: Das Zeichenbuch. Leipzig 1936.

Kreßler, Erika: Die kindliche Entwicklung im ersten Jahrsiebt und ihre Ausdrucksformen beim gesunden und behinderten Kind. Menschenschule, Jg. 50, Heft 4. Basel 1976.

Kühn, Alfred: Grundriß der Vererbungslehre. Heidelberg 1973.

Kühn, Herbert: Eiszeitkunst, die Geschichte ihrer Erforschung. Göttingen 1965.

Lenz, Friedel: Bildsprache der Märchen. Stuttgart 1971.

Lusseyran, Jacques: Blindheit, ein neues Sehen der Welt. 3. Auflage Stuttgart 1972.

Meyer, Rudolf: Die Weisheit der deutschen Volksmärchen. 7. Auflage Stuttgart 1976.

Meyers, Hans: Die Welt der kindlichen Bildnerei. Witten 1957.
Morris, Desmond: Der malende Affe. dtv 1968.
Pavloff, Th.: Über das gehäufte Auftreten psychischer Auffälligkeiten in der Zeit des ersten Gestaltwandels beim Kinde. Kinderärztliche Praxis, Jg. 18, Heft 7/8 (1950).
Pikunas, J., und H. Carberry: Standardization of the graphoscopic scale: the content of children's drawings. Journal of clin. Psychology, Vol. 17 (1961).
Rauber, A., und Fr. Kopsch: Lehrbuch und Atlas der Anatomie, Bd. 1. Stuttgart 1968
Rohen, Johannes: Funktionelle Anatomie des Nervensystems. Ein kurzgefaßtes Lehrbuch nach funktionellen Gesichtspunkten für Studierende und Ärzte. Stuttgart 1971.
Sembdner, Helmut: Hanns Strauss als Interpret kindlicher Zeichenkunst. Erziehungskunst, Jg. 16, Heft 5/6. Stuttgart 1952.
Schad, Wolfgang: Das Kind im Sog der Zivilisation. Die Kommenden, 27. Jg., Nr. 2. Freiburg 1973, nachgedruckt in: W. Schad, Erziehung ist Kunst. Pädagogik aus Anthroposophie, Stuttgart 1991.
Scheltema, F. Adama van: Die geistige Wiederholung. Bern 1954.
Schmalohr, Emil: Frühe Mutterentbehrung bei Mensch und Tier. Entwicklungspsychologische Studie zur Psychohygiene der frühen Kindheit. München/Basel 1968.
Schuchhardt, Wolfgang: Das kindliche Zeichnen. Erziehungskunst, Jg. 21, Heft 4. Stuttgart 1957.
Schwenk, Theodor: Das sensible Chaos. 4. Auflage Stuttgart 1976.
Steiner, Rudolf: Allgemeine Menschenkunde als Grundlage der Erziehung. 2. Vortrag (22. 8. 1919) Gesamtausgabe (GA) 293, Dornach 1973.
–: Die gesunde Entwicklung des Leiblich-Physischen als Grundlage der freien Entfaltung des Seelisch-Geistigen. 7. Vortrag (29. 12. 1921), GA 303, Dornach 1969.
–: Die Erziehung des Kindes vom Gesichtspunkt der Geisteswissenschaft, aus GA 34;
–: Allgemeine Menschenkunde. GA 293;
–: Die Geheimwissenschaft im Umriß. GA 13;
–: Die Geistige Führung des Menschen und der Menschheit. GA 15;
–: Eine okkulte Physiologie, GA 128;
–: Theosophie, GA 9.
Steiner, Rudolf, und Ita Wegman: Grundlegendes für eine Erweiterung der Heilkunst nach geisteswissenschaftlichen Erkenntnissen (1925). 6. Kapitel. GA 27, Dornach 1972.
Strauss, Hanns: Die Gestaltungskraft des Kleinkindes als Offenbarer seines Wesens. Erziehungskunst, Jg. 6, Heft 4. Stuttgart 1932.
–: Die Bedeutung des Zeichnens für das Kleinkind. Erziehungskunst, Jg. 16, Heft 5/6. Stuttgart 1952.
Strauss, Michaela: Analyse einer Kinderzeichnung. Nach Aufzeichnungen von Hanns Strauss. Erziehungskunst Jg. 22, Heft 1/2, Stuttgart 1958.
–: Was offenbaren uns die Kleinkinderzeichnungen? Erziehungskunst Jg. 33, Heft 5/6, Stuttgart 1969.
–: Wie frühkindliches Malen und Zeichnen in der Schule verwandelt wird. Erziehungskunst Jg. 33, Heft 8/9, Stuttgart 1969.
Trümper, Herbert: Malen und Zeichnen in Kindheit und Jugend Bd. III. Berlin 1961.
Vogel, Lothar: Der dreigliedrige Mensch. Dornach 1967.
Wiesener, Heinr. (Hrsg.): Einführung in die Entwicklungsphysiologie des Kindes. Heidelberg, Berlin, New York 1964.
Wildlöcher, Daniel: Was eine Kinderzeichnung verrät. Herausgegeben von Jochen Stork. München 1974.
Wirth, Herman: Die heilige Urschrift der Menschheit. Leipzig 1931–36.
Zeller, Wilfried: Konstitution und Entwicklung. Göttingen 1964.

Der künstlerische Unterricht in der Waldorfschule – Malen und Zeichnen

Von Margit Jünemann und Fritz Weitmann, 4. Auflage, 246 Seiten mit 32 farbigen Abbildungen, gebunden (Menschenkunde und Erziehung Band 29)

Obwohl gerade die Waldorfschule seit ihrer Begründung den künstlerischen Unterricht als einen entscheidenden erzieherischen Faktor erkannt und praktiziert hat, fehlte doch bisher eine systematische Darstellung dieses heute allgemein sehr hoch bewerteten Unterrichtsfaches. Die Arbeit der beiden Ulmer Lehrer, die aus einem Forschungsauftrag der Pädagogischen Forschungsstelle beim Bund der Freien Waldorfschulen hervorgegangen ist, kann nun erstmalig das große Interesse befriedigen – auf einem Gebiet, aus dem zahlreiche Anregungen in das öffentliche Schulwesen eingeflossen sind. Dieses Buch wird daher sicherlich von Lehrern aller Schulformen besonders beachtet werden.

Aus dem Inhalt:

Aquarellfarbe als Malmittel / Vorbereitung des Lehrers / Goethes Farbenlehre / Leben mit der Farbe / Ein Maltag / Farbklänge / Malen im Anschluß an den Erzählstoff / Erzählendes Malen / Therapeutische Gesichtspunkte / Der Umgang mit der Linie / Hell-Dunkel-Zeichnen und Perspektive / Einführung in die Technik des Schichtens / Malen und Zeichnen von Landkarten / Naturstimmungen / Plastisches Gestalten / Umsetzen von Schwarz-Weiß in Farbenphantasie / Der Mensch als Motiv / Grundzüge einer neuen Farbenlehre – von Goethe zu Rudolf Steiner / Malerische Beispiele Rudolf Steiners / Goetheanum und Bauhaus.

Der künstlerisch-handwerkliche Unterricht in der Waldorfschule

Herausgegeben von Michael Martin, mit Beiträgen von 15 Autoren. 334 Seiten mit über 200 Zeichnungen und Fotos, gebunden (Menschenkunde und Erziehung Band 54)

«Das vorliegende Buch ist ein Sammelwerk von vielen Autoren, die alle Werklehrer sind und ganz aus der Praxis sprechen. Die ausführlichen Darstellungen aller Werkgebiete, die mit Photos und vielen Zeichnungen reich dokumentiert sind, machen es zu einem kompletten Handbuch ...
Über den Inhalt folgendes: Die Waldorfschule verdankt zumeist ihr Ansehen in der Öffentlichkeit allen künstlerischen Aktivitäten und dem künstlerisch-handwerklichen Unterricht. Ein Großteil dessen hat die Waldorfschule so berühmt gemacht. Doch gibt es auch die Kehrseite, wo dieses Etikett nur eine Alibifunktion einnimmt. Der künstlerisch-handwerkliche Unterricht wird mißverständlich zu einer Art Ausgleichsbetätigung gegenüber den intellektuellen Fächern. Letztere sind mancherorts in der Tendenz steigend. Der Menschheit oder der Gesellschaft wird nicht geholfen werden, wenn man die Kopffächer (Humanismus) weiter von den Handfächern (Realismus) trennt. Besonders im öffentlichen Bildungswesen verkennt man gravierend den Zusammenhang von Hand- und Kopffächern! Die wirkliche Beziehung zwischen Kopf- und Handarbeit wird nun spätestens mit diesem Buch offensichtlich begründet.»

Reinhard Adam / Novalis

Menschenkunde und Erziehung

Schriften der pädagogischen Forschungsstelle
beim Bund der Freien Waldorfschulen

Eine Auswahl

1 Erich Gabert / Georg Kniebe
Die Strafe in der Selbsterziehung und in der Erziehung des Kindes
Überarbeitete Neuausgabe (11. Auflage), 122 Seiten.

14 **Kunst und Handarbeit**
Anregungen von Rudolf Steiner für Pädagogen und Künstler, zusammengestellt von Hedwig Hauck.
6., überarbeitete und erweiterte Auflage, 456 Seiten mit zahlreichen farbigen und schwarz-weißen Abbildungen.

17 Karl König
Die ersten drei Jahre des Kindes
Erwerb des aufrechten Ganges, Erlernen der Muttersprache, Erwachen des Denkens
9. Auflage als Taschenbuch in der Reihe «Praxis Anthroposophie».

25 F. Carlgren / A. Klingborg
Erziehung zur Freiheit
Die Pädagogik Rudolf Steiners.
Bilder und Berichte aus der internationalen Waldorfschulbewegung.
7. Auflage als Sonderausgabe,
264 Seiten mit zahlreichen Abbildungen.

27 E. Dühnfort / E.-M. Kranich
Der Anfangsunterricht im Schreiben und Lesen
in seiner Bedeutung für das Lernen und die Entwicklung des Kindes.
4. Auflage, 87 Seiten.

30 Stefan Leber
Die Sozialgestalt der Waldorfschule
Ein Beitrag zu den sozialwissenschaftlichen Anschauungen Rudolf Steiners.
3. aktualisierte Auflage als Taschenbuch in der Reihe «Praxis Anthroposophie», 347 Seiten.

33 Ernst-Michael Kranich
Die Formensprache der Pflanze
Grundlinien einer kosmologischen Botanik.
2. Auflage, 203 Seiten.

40 Rex Raab / Arne Klingborg
Die Waldorfschule baut
Die Architektur der Waldorfschulen 1920 bis 1980.
288 Seiten mit zahlreichen Abbildungen.

41 Martin Tittmann
«Zarter Keim die Scholle bricht ...»
Zeugnissprüche für die Klassen 1 – 8.
137 Seiten.

42 Fritz Graf von Bothmer
Gymnastische Erziehung
3. Auflage, 175 Seiten mit zahlreichen Abbildungen.

43 Christoph Lindenberg
Geschichte lehren
Thematische Anregungen zum Lehrplan.
2. erweiterte Auflage, 217 Seiten.

44 Julius Hebing
Welt, Farbe und Mensch
Studien und Übungen zur Farbenlehre und Einführung in das Malen.
237 Seiten mit zahlreichen schwarzweißen und farbigen Abbildungen sowie 60 Tafeln in einer Mappe.

45 Arnold Bernard
Projektive Geometrie
Aus der Raumanschauung zeichnend entwickelt.
221 Seiten.

47 **Formenzeichnen**
Die Entwicklung des Formensinns in der Erziehung.
Mit Beiträgen von E.-M. Kranich. M. Jünemann, H. Berthold-Andrae, E. Bühler und E. Schuberth.
2. Auflage, 200 Seiten mit 380 Abbildungen.

Verlag Freies Geistesleben

Menschenkunde und Erziehung

Schriften der pädagogischen Forschungsstelle
beim Bund der Freien Waldorfschulen

48 Bengt Ulin
Der Lösung auf der Spur
Ziele und Methoden des Mathematikunterrichts.
Erfahrungen aus der Waldorfpädagogik.
328 Seiten mit 233 Abbildungen.

49 Ernst Schuberth
Erziehung in einer Computergesellschaft
Datentechnik und die werdende Intelligenz
des Menschen. 320 Seiten.

50 Hermann von Baravalle
Physik als reine Phänomenologie
Band 1: Mechanik, Wärme und Kälte.
365 Seiten.

52 Arnold Bernhard
Algebra
für die siebte und achte Klasse an Waldorfschulen
Ausführlicher Leitfaden mit Aufgabensammlung und
Ausblicken auf die Oberstufe für Lehrer, Schüler
und Eltern. 174 Seiten.

53 Arnold Bernhard
Geometrie
für die siebte und achte Klasse an Waldorfschulen
Ausführlicher Leitfaden mit Aufgabensammlung und
Ausblicken auf die Oberstufe für Lehrer, Schüler
und Eltern. 192 Seiten.

54 **Der künstlerisch-handwerkliche Unterricht in der Waldorfschule**
Hrsg. von Michael Martin, mit Beiträgen von 15 Autoren.
336 Seiten mit Zeichnungen und Photos.

55 Erhard Fucke
Grundlinien einer Pädagogik des Jugendalters
Zur Lehrplankonzeption der Klassen 6 bis 10
an Waldorfschulen. 216 Seiten.

57 Heinrich Schirmer
Bildekräfte der Dichtung
Zum Literaturunterricht der Oberstufe.
287 Seiten.

58 Erika Dühnfort
Rechtschreibung –
welchen pädagogischen Wert kann sie haben?
Waldorfpädagogik in der methodischen Handhabung
des Schreib- und Leseunterrichts.
61 Seiten.

59 Johannes Kiersch
Fremdsprachen in der Waldorfschule
Rudolf Steiners Konzept eines ganzheitlichen
Fremdsprachenunterrichts. 141 Seiten.

61 Stefan Leber
Die Menschenkunde der Waldorfpädagogik
Anthropologische Grundlagen der Erziehung des Kindes
und Jugendlichen. 667 Seiten.

62 **Jugend und Literatur**
Anregungen zum Deutschunterricht
Hrsg. von Christoph Göpfert. Mit Beiträgen von
E. Dühnfort, D. Esterl, R. Fiedler, Ch. Göpfert, A.
Göpfert-Lamey, A. v. d. Goltz, B. Großbach, R. Patzlaff
und M. Schuchhardt. 320 Seiten.

63 Ernst Schuberth
Der Anfangsunterricht in der Mathematik an Waldorfschulen
Aufbau, fachliche Grundlagen und menschenkundliche
Gesichtspunkte. 111 Seiten.

64 Michael Brater / Claudia Munz
Die pädagogische Bedeutung der Buchführung
Überlegungen und Erfahrungen zu ihrem Einsatz
in der Waldorfschule. 275 Seiten.

Verlag Freies Geistesleben

Arbeitsmaterial aus den Waldorfkindergärten

1 **Spielzeug – von Eltern selbstgemacht**
Von Freya Jaffke. 17. Auflage, 104 Seiten mit zahlreichen Zeichnungen.

2 **Getreidegerichte – einfach und schmackhaft**
Von Freya Jaffke. 10. Auflage, 56 Seiten.

3 **Färben mit Pflanzen**
Textilien selbst gefärbt. Historisches und Rezepte für heute, von Renate Jörke. 7. Aufage, 71 Seiten.

4 **Singspiele und Reigen**
für altersgemischte Gruppen. Zusammengestellt von Suse König. 6. Auflage, 56 Seiten.

5 **Kleine Märchen und Geschichten**
zum Erzählen und für Puppenspiele. 8. Auflage, 55 Seiten.

6 **Rhythmen und Reime**
Gesammelt bei der Vereinigung der Waldorfkindergärten Stuttgart. 6. Auflage, 64 Seiten.

7 **Puppenspiel**
Anleitung für die Einrichtung verschiedener Spielmöglichkeiten und die Herstellung einfacher Figuren. Von Freya Jaffke. 3. Auflage, 68 Seiten.

8 **Hänschen Apfelkern**
Kleine Märchen und Geschichten zum Erzählen und Spielen, gesammelt und bearbeitet von Bronia Zahlingen. 6. Auflage, 56 Seiten mit farbigen Abbildungen.

9 **Zwerge**
Wie man sie sieht, wie man sie macht, wie man mit ihnen umgeht. Zusammengestellt von Johanna-Veronika Picht. 3. Auflage, 54 Seiten.

10 **Tanzt und singt!**
Rhythmische Spiele im Jahreslauf, zusammengestellt von Freya Jaffke. 3. Auflage, 100 Seiten mit Abbildungen.

11 **Das spielende Kind**
Beobachtungen und Erfahrungen einer Kindergärtnerin. Von Ingeborg Haller. 3. Auflage, 67 Seiten.

12 **Spiel mit uns!**
Gesellige Spiele für Kinder von 3 – 6 Jahren, von Freya Jaffke. 2. Auflage, 64 Seiten mit Zeichnungen von Christiane Lesch.

13 **Spielen und arbeiten im Waldorfkindergarten**
Von Freya Jaffke. 65 Seiten mit farbigen Fotos.

14 **Feste im Kindergarten und Elternhaus**
Teil 1: Advent, Weihnachten, Drei Könige, Fasching. Von Freya Jaffke. Mit Illustrationen von Christiane Lesch. 2. Auflage, 80 Seiten mit farbigen Illustrationen.

15 **Feste im Kindergarten und Elternhaus**
Teil 2: Ostern, Pfingsten, Johanni, Michaeli, Laternenfest, Geburtstag.
Von Freya Jaffke. Mit Illustrationen von Christiane Lesch. 100 Seiten mit farbigen Illustrationen.

Verlag Freies Geistesleben